監修者――佐藤次高／木村靖二／岸本美緒

［カバー表写真］
民衆にむかえられる洪秀全と太平軍
（広州市花都区洪秀全記念館蔵）

［カバー裏写真］
洪秀全の故郷に残る洪氏宗祠
（旧広東花県官禄㘵村）

［扉写真］
拝上帝会の拠点となった広西紫荊山の市場風景
（桂平市大坪墟）

世界史リブレット 65

太平天国にみる異文化受容

Kikuchi Hideaki
菊池秀明

目次

▼**にっぽん音吉**（一八一八？〜六七）
尾張国小野浦（現愛知県美浜町）出身の漂流民で、一八三二年に遠州灘で船が難破してアメリカ大陸に漂着し、イギリスに保護された。一八三七年のモリソン号事件で帰国をはたせず、やがて上海のデント商会で活躍し、日本人漂流民の祖国帰還に尽力した。また彼は一八五四年の日英和親条約の締結時に通訳として来日したが、六七年にシンガポールで死去した。

太平天国運動と近代日本

一般に日本の近代化とは「西洋化」であったと考えられている。それはヨーロッパの文化と技術を導入することで富国強兵《ふこくきょうへい》政策を推し進め、欧米列強と肩を並べることをめざすものだった。そしてこの過程で江戸時代までの日本人にみられた、中国または中国文化にたいする親近感や憧《あこが》れは大きく変化した。

この時期に日本人の中国観が変わったことを示す例として、太平天国《たいへいてんごく》運動（一八五〇〜六四年）にたいする見方をあげることができる。一八五三年ころ、この運動にかんする最初の情報を日本へ伝えた一人に「にっぽん音吉《おときち》」▲と呼ばれる漂流民がいた。当時彼は上海で貿易業をいとなみながら、日本人漂流民の帰国を援助していた。

音吉によると、太平天国は満州《まんしゅう》人王朝である清朝にたいする漢民族の抵抗運動で、髪型を明代の長髪《ちょうはつ》にもどすなどの改革をおこなっていた。この運動が発生した原因はアヘン戦争をきっかけとする中国の貧困にあり、腐敗した清軍は各地で敗北をかさねていた。また太平天国は財産を均分するなどの政策で庶民の支持を集めており、ヨーロッパ人にたいしても友好的な態度で臨んでいるという。

音吉の情報を日本へ伝えた漂流民は、今後の行方をたずねる役人に「おそらくは明人〔太平天国〕が勝利をえることでございましょう」と述べ、太平天国の勝利を予想した。この明朝の復興運動という太平天国理解は、近松門左衛門《ちかまつもんざえもん》の『国姓爺《こくせんや》合戦』で知られた鄭成功《ていせいこう》▲の反清運動をベースとしており、日本人になじみやすいものだった。音吉らは太平天国の庶民的な性格に親近感をもち、これを鄭成功と結びつけることで運動への共感を示したのである。

ところが太平天国にたいする評価はその後急速に変化した。その原因は第一に清朝側の立場に立った書物が日本へもたらされ、情報ソースが変化したことにあった。しかし決定的だったのは一八六二年に幕府が派遣した千歳丸《せんざいまる》に乗り

▼**鄭成功**（一六二四～六二）　明末清初の東シナ海における海上軍閥。母は日本人の田川マツで、平戸に生まれたが、明朝から官職を受けていた父の鄭芝龍とともに清と対抗し、鄭芝龍の投降後もアモイ付近と台湾を根拠地に抵抗を続けた。

込み、上海を訪れた高杉晋作《たかすぎしんさく》▲らの見聞であった。彼らはつぎのように述べている。

長髪賊《ちょうはつぞく》ははじめ明朝の末裔《まつえい》を名乗っていたが、現在はもっぱらキリスト教を掲げて愚かな民を従わせている。いうことを聞かない者は殺し、匪賊《ひぞく》を集めたり、男たちをとらえては兵隊にして、乱暴や狼藉《ろうぜき》を働いている。にもかかわらず彼らの勢いが盛んなのは、ひとえに清朝が衰えて暴臣《ぼうしん》が権力を握っているからだ。

ここで高杉晋作らは、漂流民にとって明朝復興のシンボルだった太平天国の長髪姿を「長髪賊」と蔑《さげす》んだ。また音吉は聖書の日本語訳を手伝ったことがあり、それがキリスト教の影響を受けた太平天国に好感をよせる原因になったが、彼らはこの運動がキリスト教と関連があると知って拒絶反応を示した。

当時上海では太平軍が迫っており、高杉らは避難民がひしめき、外国の軍隊が幅をきかせている中国の現実にショックを受けた。そして彼らは混乱の原因を清朝の衰えと太平天国の存在に求めた。武士出身の高杉らにとって、太平天国は島原の乱▲とかさねあわせて理解され、秩序維持の立場から「愚かな民」の

▼**高杉晋作**（一八三九～六七）　幕末の尊皇攘夷、倒幕運動の中心人物の一人で、長州藩士。松下村塾の逸材で、帰国後は品川のイギリス公使館焼討ち事件を起こした。後述の奇兵隊を創設し、第二次長州征伐では長州藩の海軍総督として活躍した。

▼**島原の乱**（一六三七～三八）　島原藩と天草のキリシタン農民が益田時貞（天草四郎）を中心に起こした百姓一揆。約三万人が原城にたてこもり、幕府軍の上使板倉重昌を討死にさせたが、老中松平信綱による攻撃で全滅した。

暴動にたいする恐怖感を募らせた。

帰国後の高杉晋作は洋式軍隊の威力に注目し、奇兵隊《きへいたい》▲を組織して倒幕運動を進めた。だが一八六八年に明治政府は五榜《ぼう》の掲示を出し、徒党や一揆を禁じて世直しに期待する人びとの動きを抑え込んだ。またキリスト教を禁止して、一八六九年には浦上《うらがみ》キリシタンの弾圧(浦上崩れ)▲を生み出した。それは彼らの太平天国にたいする否定的な評価をみるときに決して偶然ではなかったのである。

つまり幕末の日本人にみる太平天国観の変化は、庶民のエネルギーを圧殺しながら上からの近代化をめざしたこと、近代ヨーロッパの精神的背景であるキリスト教に拒絶反応を示しながら西洋化を推し進めたことの二点で、明治維新の性格を規定する内容を含んでいた。また高杉らの太平天国への敵意は、やがて中国そのものにたいする否定的評価を生み、日本の大陸侵略の歴史を方向づける役割をはたしたともいえるだろう。

だがいいかえればこれらの事実は、太平天国運動が日本の近代とは異なる「もう一つの近代」の可能性を秘めていたことを示している。それは被支配者階級を中心的な担い手として、ヨーロッパの精神文化と向かい合いながら進め

▼奇兵隊　幕末の長州藩でつくられた武士、庶民の混成部隊。藩正規兵にかわって第二次長州征伐、戊辰戦争で活躍した。だが一八六九年に常備軍編成をきっかけに脱隊騒動が発生し、農民一揆と結びつくと、維新政府は木戸孝允らを派遣してこれを鎮圧した。

▼浦上キリシタン弾圧　一八六七年に肥前国浦上村(現長崎市)のキリシタンは信仰を表明して寺請制度を拒否し、六八名が逮捕された。明治政府も彼らを「邪宗門」として浦上一村総流罪を決定し、三三八四人を流刑に処した。岩倉遣欧使節団がヨーロッパ列強の抗議を受け、一八七三年に禁令を解除して信徒も釈放された。

られた中華再生の試みである。戦後まもなく日本ではじめて太平天国の歴史を正面から取り扱った増井経夫氏は、太平天国を近代産業と啓蒙思想を欠いた生《き》一本《いっぽん》の農民運動と評価したうえで、この運動が示したもう一つの近代の可能性を「近代の日盛りの上昇」と表現した。

今日こうした表現自体は再考を要するとはいえ、太平天国が試みた異文化受容には、「中国にとっての近代」ひいては現代につながる中国社会の特質を考えるうえで、重要な手がかりが数多く含まれている。それは日本人が西洋化の過程で一度は否定しながら、今もわれわれを深くとらえているアジア的な価値を開示してくれるだろう。またそれは二十一世紀にはいってなお宗教、民族の違いによる対立と抗争に苦しむわれわれに、異文化を理解し、他者を受け容れることの重要性と難しさを教えてくれるに違いない。以下では太平天国における異文化受容と、異文化間のすれ違いの歴史をみていくことにしたい。

①―洪秀全のキリスト教受容と中国伝統文化

洪秀全の生い立ちと科挙受験

洪秀全《こうしゅうぜん》(原名洪仁坤《じんこん》)は一八一四年に広東花県《カントンかけん》▲にある客家《ハッカ》人の村落で生まれた。客家とは客家語という方言を話す漢民族のサブ・グループで、古代の戦乱を避けて北方から移住したという伝承をもっていた。彼らは先住の漢民族である広東人や少数民族よりも遅く広東へ入植したために、山あいの条件の悪い土地に定着することが多かった。

ある報告書によると、客家は農業や手工業をいとなんだが貧しく、理髪業や石屋、肉体労働である苦力《クーリー》に従事する者も多かった。また彼らの言語、習慣は広東人のそれと大きく異なり、広東人から侵入者として軽蔑されていた。だが客家は勤勉で団結心に富み、とくに女性は纏足《てんそく》▲をせず、男性と同じく野良仕事をこなすなど忍耐強かった。また彼らは貧困や差別にあまんじたコンプレックスの裏返しとして、「自分たちこそは黄河文明の発祥地からやってきた、正統な漢民族の末裔《まつえい》である」という屈折したアイデンティティをもつようになった

▼花県　現在は広州市花都区。広州の中心部とは高速道路で結ばれ、近く国際空港の建設も予定されている。筆者がはじめてこの地を訪れた一九八六年には、まだ農村地帯の面影を残していたが、二〇〇一年に太平天国蜂起一五〇周年を記念する学術討論会がおこなわれてたずねたときには、街並みもまったくといってよいほどに変わっていた。

▼纏足　女性の足が小さいことを尊ぶ中国の習慣で、子どものときから足先の骨をくだいて縛り上げ、発育できないようにする。客家はこの習慣をもたず、太平軍には多くの女性兵士がみられたが、江南の文人は彼女らを「大脚婆(大足女)」と呼んで蔑んだ。

▼洪秀全の住居　泥レンガは中国語で「泥磚(でぃせん)」と呼び、有力者はふつう焼きレンガ(青磚)を用

という。
洪秀全の祖先は十八世紀初めに広東東部の嘉応州《かおうしゅう》から花県へ移り、官禄㘵《かんろくふ》村に定住して開墾を進めた。父の五代洪鏡揚《こうきょうよう》は自作農だったが、二人の兄が若くして働きにでるなど生活は楽ではなかった。現在官禄㘵村に残っている泥レンガづくりの小さな洪秀全の住居▲はそのことをよく物語っている。

以前の中国では七歳から私塾▲に通って読み書きを習うのがふつうだった。洪秀全が優れた成績をおさめると、周囲は「いずれは高官になって一族に栄光をもたらすに違いない」と大きな期待をよせた。そして洪秀全は十四歳となった一八二八年から、村人の支援を受けて塾教師をしながら科挙《かきょ》受験を開始した。

科挙▲は中国でおこなわれた官吏登用試験である。この科挙に合格するには童《どう》試《し》と呼ばれる初級の試験(その合格者を生員《せいいん》と呼ぶ)から皇帝が自ら出題する殿《でん》試《し》まで、何段階もの厳しい試験をパスする必要があり、経済力のある一族の子弟でなければ合格はおぼつかなかった。また科挙は建前のうえでは万人に門戸が開かれていたが、受験にあたっては地元の知識人を保証人に立て、地域社会の同意をえる必要があり、客家のような後発移民は受験を認められないケース

いて屋敷を建てる。現在官禄㘵村に残る建物は多くがこの泥レンガづくりで、洪秀全が学んだ私塾もそうである。また今は記念館となっている洪氏宗祠は焼きレンガづくりだが、宣統年間に建てられたもので、洪秀全の時代には存在しなかった。

▼私塾　旧時の中国農村でみられた私的な教育施設。多くの場合一族子弟を対象に設けられ、経費も一族の共有財産から支出した。教育の内容も啓蒙的な読み書きから科挙受験の勉強まで幅があり、有力者の建てた施設は書院と呼ばれた。現在広州に残る陳家祠(陳氏書院)はその代表である。

▼科挙　科挙には童試、殿試のあいだにも省レベルの試験である郷試、北京でおこなわれる会試など数多くの試験があった。郷試の合格者を挙人、殿試の合格者を進士と呼ぶが、ふつう挙人以上を科挙合格者とみなす。呉敬梓(ごけいし)『儒林外史』は挙人に及第した主人公の范進(はんしん)が、合格通知の届いた途端に生活が一変したようすを描いている。

●洪秀全一族の系図

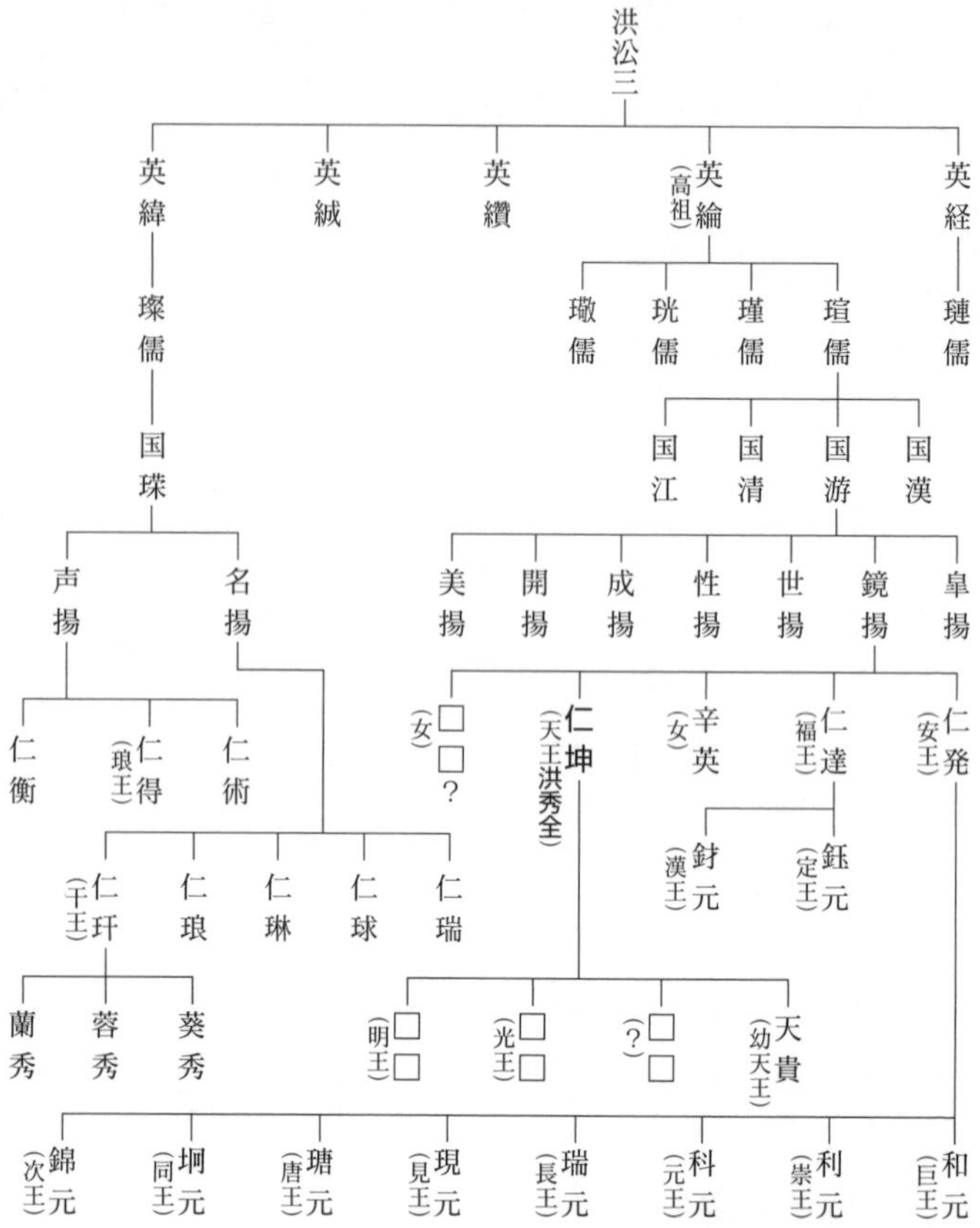

●洪秀全（一八一四〜六四）

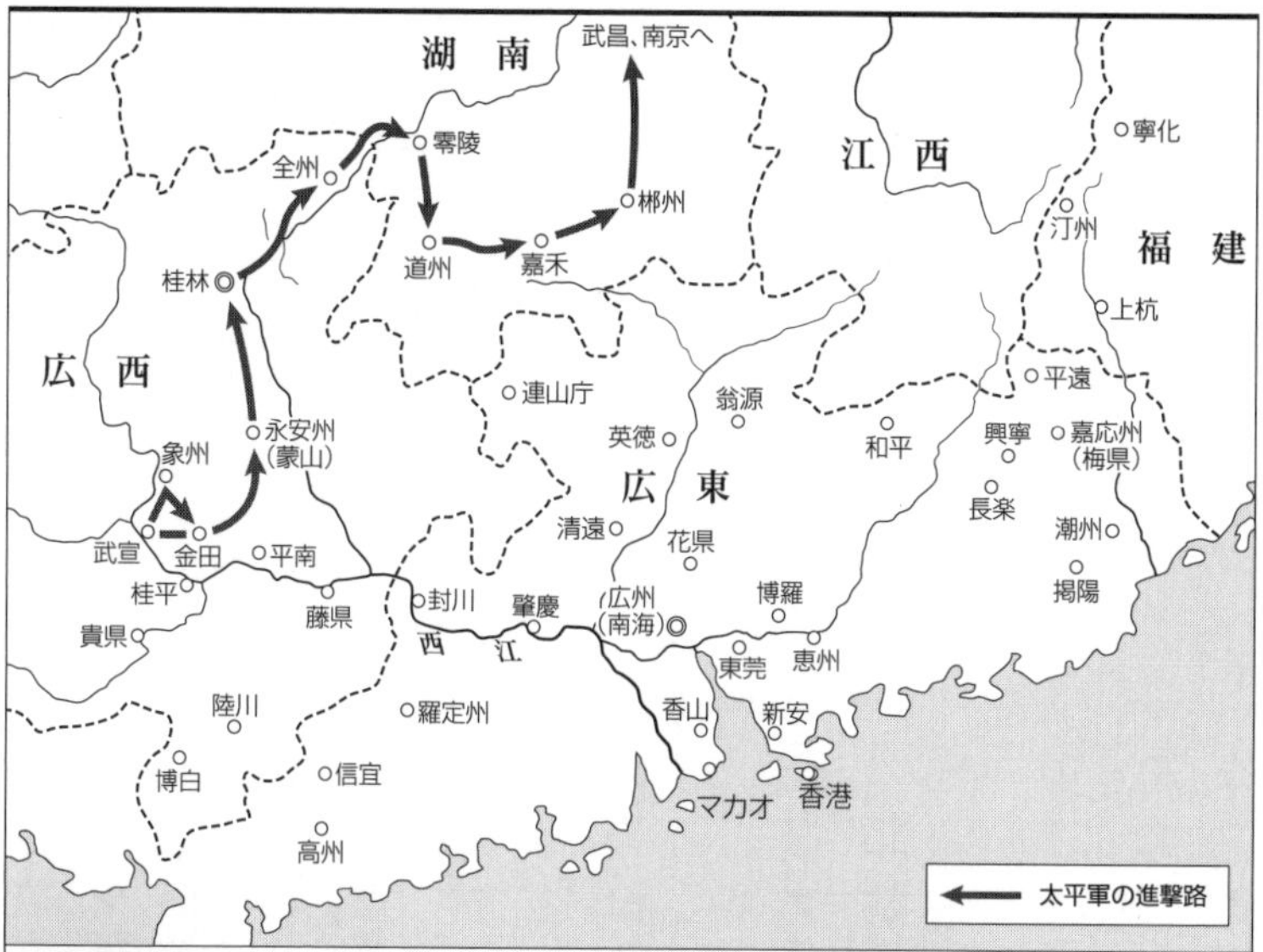

●──**太平天国時期の華南**

●──**官禄㘵村風景**　洪秀全が学んだ私塾を望む(二〇〇一年撮影)。

●──**洪秀全が住んだ家**(左端の部屋)

があった。▲

洪秀全が受験生だった一八三四年に、広東の科挙を統括する長官である広東学政《がくせい》の李泰交《りたいこう》が自殺した。彼の遺書によると、当時試験でさまざまな不正が横行したが、李泰交はこれを取り締まることができず、罪を恐れて首を吊ったとあり、試験の公正さにたいする人々の信頼は大きくゆらいだ。結局洪秀全はいつも途中まで好成績をおさめながら、終わってみれば合格者名簿に彼の名前はなかった。一八三七年に三度目の童試に失敗した洪秀全は、ショックのあまり熱病に倒れてしまった。

洪秀全の幻夢体験

科挙試験に挫折した洪秀全は病気にうなされながら、約四〇日にわたりのちのキリスト教受容につながる幻夢を見た。一八五四年にプロテスタント宣教師のセオドア・ハンバーグが、彼の従兄弟《いとこ》である洪仁玕《こうじんかん》（のちの干王《かんおう》）から聞いた話をもとに書いた『洪秀全の幻想』▲によると、その内容はだいたいつぎのようなものだった。

▼**後発移民の科挙試験**　清朝の法律によると、移民は入植先で二〇年以上居住し、土地や財産を取得すれば科挙の受験資格を与えられることになっていた。だが実際は土着の受験生が不利になることを恐れた地元有力者の反対によって、移民の受験が認められないことがあった。広東の一部地区や台湾では客家が受験できず、これが原因となって両者の武力抗争も発生した。

▼**『洪秀全の幻想』**　原題は *The Visions of Hung-Siu-Tshuen and Origin of the Kwang-Si Insurrection.* セオドア・ハンバーグ（一八一九～五四）はスウェーデン生まれで、一八四七年にバーゼル教会の宣教師として中国へ赴任し、広東で客家（ハッカ）を中心に布教した。洪仁玕の南京行きを支援するために本書の出版を計画したが、刊行前に病死した。

洪秀全住居の内部　彼が使ったと伝えられる机とベッド(蚊帳がかかっている)。

洪秀全が目を閉じると竜、虎、鳳凰《ほうおう》が室内へはいってきた。続いて楽器を奏でた人びとがあらわれ、彼をきれいな轎《かご》に乗せて出発した。一行が輝くばかりに壮麗な場所に着くと、多くの男女が大喜びで出迎えた。また一人の老婦人が洪秀全を川辺につれていき、「なんと汚れてしまったこと！　どうしてやけになって、あんな人たちの仲間になってしまったの？　すぐに潔《きよ》めてあげなければ」といって彼を洗った。

つぎに洪秀全は大きな宮殿で身体を切り開かれ、五臓すべてを取り去られて、新しい真紅の臓腑《ぞうふ》に詰めかえられた。また彼が壮麗なホールにはいると、そこには金髪の、黒い服をまとった老人が座っていた。その老人は洪秀全を見ると、「天下のすべての人間は私が生み育ててきた。だがだれ一人として私を敬う者はおらず、私が与えたものを悪魔にささげて仕えている。彼らはわざと私に背いて、私を苦しめているのだ。おまえは彼らを真似てはならぬ」と涙を流しながらいった。

そして老人は洪秀全に宝剣を与え、悪魔を絶滅するように命じた。また邪神を追いはらうための印璽《いんじ》と黄金色の果物を与えた。その果物は大変美味

陳家祠（陳氏書院）　有力者の子弟は恵まれた環境で科挙受験に備えた（広州市）。

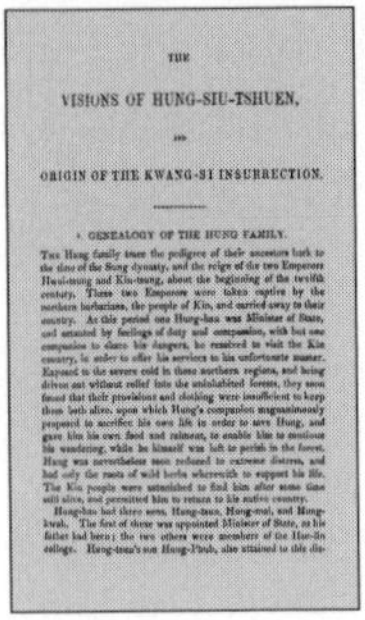

THE

VISIONS OF HUNG-SIU-TSHUEN,

AND

ORIGIN OF THE KWANG-SI INSURRECTION.

1. GENEALOGY OF THE HUNG FAMILY.

The Hung family trace the pedigree of their ancestors back to the time of the Sung dynasty, and the reign of the two Emperors Hwui-tsung and Kin-tsung, about the beginning of the twelfth century. These two Emperors were taken captive by the northern barbarians, the people of Kin, and carried away to their country. At this period one Hung-hau was Minister of State, and actuated by feelings of duty and compassion, with but one companion to share his dangers, he resolved to visit the Kin country, in order to offer his services to his unfortunate master. Exposed to the severe cold in these northern regions, and being driven out without relief into the uninhabited forests, they soon found that their provisions and clothing were insufficient to keep them both alive, upon which Hung's companion magnanimously proposed to sacrifice his own life in order to save Hung, and gave him his own food and raiment, to enable him to continue his wandering, while he himself was left to perish in the forest. Hung was nevertheless soon reduced to extreme distress, and had only the roots of wild herbs wherewith to support his life. The Kin people were astonished to find him after some time still alive, and permitted him to return to his native country.

Hung-hau had three sons, Hung-tsun, Hung-mai, and Hung-kwah. The first of these was appointed Minister of State, as his father had been; the two others were members of the Han-lin college. Hung-tsun's son Hung-Pituh, also attained to this dis-

ハンバーグ『洪秀全の幻想』の冒頭部分

だった。老人は洪秀全に大胆に仕事をするようにいい、さらに地上を指して「世の人を見よ。だれもみな心がねじけている」といった。洪秀全が地上の人びとの腐敗と悪徳をその目で見つめたとき、人事不省の状態から目がさめたが、髪が逆立つように思われた。突然深い怒りがわきあがり、父の前に行って「天上の老人がすべての人間は私に頼らねばならず、世の宝はみな私のものだと命ぜられました」といった。

洪秀全は四〇日のあいだ繰り返し見た幻夢のなかで、しばしば彼が「兄さん」と呼んだ中年の男に会った。この男は洪秀全にどう行動すべきかを教え、彼を遠くまでつれ出して邪神《じゃしん》を殺すのを助けた。また洪秀全はあの老人が孔子を真の教えを明らかにするのを妨げたと責めるのを聞いた。孔子は恥じいって自分の罪を認めた。

この幻夢には洪秀全が太平天国の指導者となってからの脚色が加わっており、少なくとも彼はこのときすぐに清朝打倒をめざしたわけではなかった。また孔子が天上で叱責を受けた部分は、太平天国の出版物である『太平天日《たいへいてんじつ》』や近年発見された『天兄聖旨《てんけいせいし》』にも同じ話があるが、内容にはかなりの食い違いがあ

る。▲

　またこの幻夢からは「五臓すべてを取り去られて、新しい真紅の臓腑に詰めかえられた」という表現に示される、洪秀全の強い自己否定と癒されることへの切実な思い、客家への差別や不公正な試験など「腐敗と悪徳」に満ちた社会にたいする「髪が逆立つ」ほどの「深い怒り」、そして洪秀全自身のプライドの高さとパラノイア的な性格をみることができる。その後彼は「首席で科挙に合格したところでそれほど大きな値打ちはない」「真の君主はあらゆることに公正だ。客家と本地人はみな同じように遇される」と語ったという。

　この幻夢は洪秀全がキリスト教を受容するうえで決定的な役割をはたした。もっとも幻夢にあらわれた老人は人格神で、姿の見えないキリスト教の神よりは道教の最高神である玉皇大帝《ぎょくこうたいてい》に近いものだった。じじつ中国の民間信仰では人が天に昇り、黒衣を着た玉皇大帝に会うという話がしばしば語られていたのである。▲

▼太平天国文書と孔子　一八六二年に刊行された『太平天日』では、エホバとキリスト、洪秀全が孔子を責めると、孔子は下界へ逃げ帰ろうとしてとらえられ、エホバの命令で鞭打たれたとある。また『天兄聖旨』は鞭打たれた孔子は悪い人間ではないが、二度と地上へ行くことは許されないと述べている。なお太平天国ははじめ儒教経典にたいする徹底した焚書政策をおこなった。

▼洪秀全の幻想と民間文化　例えばこのころ広東で出版された『粤屑（えっせつ）』という本は、人の魂が天に昇って神に会った話や、黒服を着た神の話などを載せている。なお洪秀全が幻夢で見た竜、虎、鳳凰はみな吉祥をあらわす動物で、現在も広東では宴席に彼らを意味するウミヘビ、猫、ニワトリの料理を出す。また宝剣や印璽はきわめて中国的だが、これは洪秀全が新王朝の王となることの正統性を主張するために、後代に挿入された部分であろう。

プロテスタントの布教と『勧世良言』

洪秀全とキリスト教を結びつけたのは、『勧世良言《かんせりょうげん》』というプロテスタントによる一冊の布教パンフレットだった。中国のキリスト教はカトリックの歴史が古いが、典礼《てんれい》問題▲で中国皇帝とローマ教皇が対立すると、一七二四年にキリスト教の布教は禁止された。だがロンドン伝道会のロバート・モリソン▲は、一八〇七年からマレー半島のマラッカを拠点に中国伝道を開始し、聖書の中国語訳と出版を手がけた。その初期の信徒に広東出身の華僑である梁発《りょうはつ》という人物がおり、彼は中国人にわかりやすいパンフレットづくりをめざして『勧世良言』を執筆した。

この『勧世良言』は聖書の内容を紹介しながら、中国の伝統宗教（儒・仏・道教）を偶像崇拝の否定という立場から批判している。例えば「世の人が神仏、菩薩の類にまどわされていることを論ず」という章は、中国人がさまざまな神仏像をつくって「朝に焼香《しょうこう》し、夕に紙銭《しせん》▲を焼き、誠心誠意これらの死物に庇護を求めている」と述べたうえで、とくに儒教と科挙受験についてつぎのように批判した。

▼**典礼問題**　中国のカトリック伝道は一五六五年からイエズス会が中心となって進められたが、祖先祭祀や孔子の崇拝など、中国固有の習慣をどこまで認めるかで論争が起こった。これが典礼問題で、論争はローマ教皇と康熙帝との対立に発展し、一七二四年にキリスト教の布教は全面的に禁止された。

▼**ロバート・モリソン**（一七八二〜一八三四）　イギリスの靴職人の子どもとして生まれ、福音主義運動に参加して一八〇七年に中国へ渡った。彼は『英華字典』の編纂や中国文学の翻訳に多くの業績を残したが、貿易の拡大をめざす商務監督官ネーピアの中英交渉を補佐する途中病死した。

儒教は文昌《ぶんしょう》▲、魁星《かいせい》▲の像を立てては、その加護によって智恵と才能が開け、科挙に合格できるといっている。中国人はたいてい儒教の経典を読んではこれらの像を拝み、「挙人《きょじん》や進士《しんし》に合格し、翰林《かんりん》▲となって官吏となれますように」と願をかける。

だがだれもがこの二つの像を拝み、幼いころから勉強を続けているのに、七十・八十になっても科挙に合格できない者がいるのはなぜか？　彼は毎年のようにこれらの神像を拝んできたのに、どうしてその庇護をえられないのか？

その原因は人びとが儒教によって科挙合格の栄誉を求め、ついにまどわされてこれらの偶像を拝んだ点にある。偽りの志によらず、天地の主、世界中の富貴や栄華をつかさどる神を尊敬することを思い起こせば、まっとうな聖なる教えに合致できるのだ。

科挙試験を題材に儒教を批判し、偶像崇拝の無益さを説く梁発の主張は、合格する望みがほとんどない試験以外に社会的上昇の道を見出せなかった洪秀全ら下層の知識人に、強烈なインパクトを与えるものだった。

▼紙銭　紙でつくったお金のこと。中国では人間は死後も現世と同じような生活を送ると考えられており、人びとは紙銭を焼いて死者にお金をもたせる。旧時は銅銭を大きくしたかたちだったが、最近は紙幣タイプに加えて、紙製の小さな住宅や自動車、テレビを供えることも多い。なお日本でも三途（さんず）の川を渡るために六文銭をもたせる習慣がある。

▼文昌　神の名前で文昌帝（梓潼君）ともいう。また文昌は文学をつかさどる北斗七星の名でもあり、人びとはこれに科挙の合格を祈った。

▼魁星　北斗七星の第一星。進士試験に首席合格した者（これを状元という）は、この魁星の模様がある杯を与えられた。

▼翰林　進士試験において庶吉士（しょきつし）のタイトルを獲得した人にたいする称号。

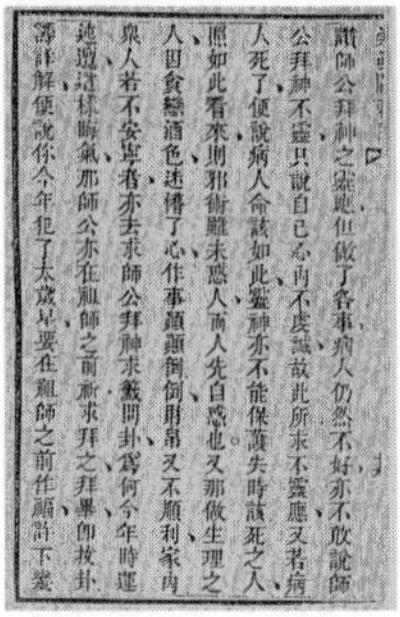
謝師公拜神之恩典、但做了各事、病人仍然不好、亦不敢說師
公拜神不靈、只說自己心內不虔誠、故此所求不靈應、又若病
人死了、便說病人命該如此、鑑神亦不能保護、失時該死之人、
照如此看來、則邪術雖未惑人、而人先自惑也、又那做生理之
人、因貪戀酒色、迷惜了心、作事顛顛倒倒、財帛又不順利、家內
衆人若不安寧者、亦去求師公拜神求籤問卦、為何今年時運
迍邅這樣晦氣、那師公亦在祖師之前祈求、拜之拜畢、即按卦
辭詳解、便說你今年犯了太歲、星要在祖師之前作願、許下些

『勧世良言』

▼カール・ギュツラフ（一八〇三〜五一）　プロイセンに生まれ、中国で通訳と宣教活動をおこない、アヘン戦争では主戦論者として南京条約の締結に協力した。日本伝道の意志もあり、にっぽん音吉らの協力をえて初の日本語訳聖書『約翰福音之伝（ヨハネによる福音書）』を出版した。

『勧世良言』は中国の実情にそくしてキリスト教を説いたが、梁発が用いたモリソン訳聖書にも工夫がこらされていた。一七一五年にローマ教皇は正しい教義を伝えるために、ゴッドの訳語として「天主《てんしゅ》」という造語を使うように定めた。

だがプロテスタントのモリソンは「天主」という訳語にこだわらなかった。彼はゴッドを「爺火華《イエフォホワ》（ユダヤ教の神でもあるエホバ＝ヤハウェの音訳）」「神主《しんしゅ》」などと翻訳し、ときに「神天上帝《しんてんじょうてい》」の語を用いた。梁発もこれにならい、『勧世良言』は「上帝《じょうてい》」を用いた。またモリソンに続いて聖書の中国語訳をおこなったドイツ人宣教師カール・ギュツラフ▲は、中国の古典である『尚書《しょうしょ》』にみえる「皇上帝《こうじょうてい》」をエホバの訳語にあてた。

中国の上帝は最高神であっても唯一神ではなく、意思をもった人格神という点でエホバとは異なっていた。だがモリソンらはこれらの違いを無視することで、中国人にわかりやすくキリスト教を伝えようとしたのである。

洪秀全のキリスト教受容

一八三四年に広州で童試を受験した洪秀全は、試験場の前で布教して官憲にとらえられた梁発から『勧世良言』を手渡されたらしい。だがこのとき彼は「さして重要なものとは思わず、書棚にしまいこんでしまった」という。

一八四三年に四度目の科挙に失敗した洪秀全は、『勧世良言』を読んで長い夢から覚めたような衝撃を受けた。すなわち彼は幻夢で見た「至尊の老人」こそはキリスト教の神エホバであり、「中年の男」はイエス・キリストに違いないと確信した。また夢にあらわれた悪魔とは中国の伝統宗教で崇拝されている神々であり、自分はエホバから偶像崇拝を打ち破り、人びとを導く使命を与えられたのだと考えた。

洪秀全がこのように考えた第一の理由は、『勧世良言』がエホバの訳語に「上帝」を用いたことにあった。その結果洪秀全は「盤古《ばんこ》▲より三代▲の治にいたるまでは、君《きみ》と民の区別なくみな皇天〔上帝〕を敬った」とあるように、キリスト教をヨーロッパだけでなく、太古の中国においても信仰された宗教として受け止めた。すなわち彼は異文化にたいする抵抗をほとんど感じないまま、ヨー

▼盤古　中国太古の神話にみえる主人公で、天地を創造し、その死体から万物が生まれたとする。

▼三代　中国太古の伝説上の王である堯（ぎょう）、舜（しゅん）、禹（う）の治世を指す。

▼**劉錫鴻** 広東番禺(ばんぐう)県出身で、一八七六年に副使としてイギリスに派遣された。帰国後は鉄道敷設に強硬に反対し、一八八一年には北洋大臣の李鴻章(りこうしょう)を批判して処罰された。

ロッパの文化を受容したことになる。

現代のわれわれからみると、洪秀全の異文化受容は一種の誤解としか映らないが、その実ヨーロッパの文化をこのようなかたちで理解したのは洪秀全だけではなかった。例えば一八七六年に中国初の外交官としてイギリスに滞在した劉錫鴻《りゅうしゃくこう》▲は、ヨーロッパの政治制度を「中国の治世のあるべき姿」、すなわち『周礼《しゅらい》』などの古典に描かれた「郷官《きょうかん》」制度が生きている世界として、高い評価を与えた。

劉錫鴻の評価基準はあくまで中国の伝統的な価値観にあり、彼はヨーロッパ文明を中国とは異なる原理にもとづく一つの文化としてとらえることができなかった。古来中国では儒教文化こそが唯一の文明であり、異質な文化をすべて野蛮とみなす中華思想が強かったために、対等な立場から異文化を理解し、これを受容するという発想が乏しかったのである。つまり洪秀全の誤解すれすれのキリスト教受容は、当時の中国知識人に可能な異文化受容の一つのかたちだったといえよう。

なお『洪秀全の幻想』によると、洪秀全は『勧世良言』が「天がわざわざ私

▼平英団　三元里の反英闘争では約五〇〇〇名が集結した。また翌一八四二年には広州西北の石井郷に住む挙人の李芳らを中心に升平社学（しょうへいしゃがく）、公所が設けられ、各地の社学とともに四〇年代の反英運動の中心になった。

アヘン戦争で炎上する清国艦隊

に授けてくださった」書物であり、「私は神から直接に命令を受けた」人間であると受け止めた。そして洪秀全は頭から水をかぶって自己流の洗礼をおこない、偶像を捨てよという教えに従って塾に祀られていた孔子の位牌《いはい》をかたづけた。このとき中国ではじめての一神教——偶像崇拝を否定するという意味において——である拝上帝教《はいじょうていきょう》が誕生したのである。

はじめての広東・広西布教

　洪秀全がキリスト教と出会ったころ、広東はアヘン戦争でゆれていた。とくに一八四一年に広州郊外の三元里《さんげんり》では、イギリス兵の暴行に怒った人びとが平《へい》英団《えいだん》▲を組織して抵抗した。こうした排外的な風潮のなかで、キリスト教を布教するのは容易ではなかった。梁発らは広東の人びとが宣教師をイギリスの手先と考え、「どなりつける者もいれば、石を投げつける者もいる」と敵意をかくさなかったと述べている。

　一方洪秀全はこうした社会風潮の外にあって『勧世良言』の研究を続けていた。彼は両親や家族に偶像崇拝をやめさせ、洪仁玕と近所の下層知識人だった馮雲山《ふううんざん》（のちの南王）に洗礼をほどこした。だが洪仁玕が孔子の位牌を取り除くと生徒たちは塾をやめてしまい、洪仁玕は兄に殴られて家を追い出された。一八四四年の元宵節《げんしょうせつ》▲に父老たちは洪秀全に「神仏の功徳を頌《たた》える詩を書いてほしい」と頼んだが、彼はこれを偶像崇拝との理由で断った。その結果洪秀全らは村内で孤立し、生徒はさらに減ってついに失業してしまった。

一八四四年四月、洪秀全は馮雲山らと筆墨《ひつぼく》の行商をしながら伝道の旅に出た。彼らは広東北部の各県をまわり、五月にはヤオ族▲の住む連山庁《れんざんちょう》に着いた。だがこの地のヤオ族は一八三二年に発生した湖南《こなん》の趙金隴《ちょうきんろう》反乱▲に加わるなど漢族移民と対立関係にあり、布教活動は言語の壁にもはばまれて失敗した。洪秀全は「今は広西《こうせい》に行ったほうがよいだろう」と考え、二〇日間かけて広西貴県《きけん》の賜《し》谷《こく》村に住む従兄弟の王盛均《おうせいきん》の家に到着した。

貴県はチワン族▲や「土白話《トゥーバイホワ》」を話す漢族の早期移民▲が多い地域で、十九世紀初めに客家が移り住んだ。洪秀全は主としてこの客家に布教をおこない、獄中にいた王盛均の子を救出する訴状《そじょう》を書いて釈放をかちとった。その結果洪秀全は「広東洪先生《ゴントンウォンシンサン》」と呼ばれて一〇〇人あまりの信者を獲得したが、王盛均の

▼元宵節　旧暦正月十五日の節句で、「圓子（えんし）」と呼ばれる餡入り団子を食べる。また前年男の子が生まれた家は祠堂に灯籠を掲げ、跡継ぎの誕生を祖先に報告する。

▼ヤオ族　ミャオ・ヤオ語系の少数民族で、現人口は一四〇万人。原郷は湖南洞庭湖付近で、浙江（ショオ族）、広西、湖南、広東の山間部に小集団に分かれて移住し、一部は東南アジアへ入植した。

▼趙金隴反乱　趙金隴は湖南江華県のヤオ族で、略奪を働いた漢族移民にたいする報復をきっかけにヤオ族世界の再生をめざして蜂起した。反乱軍は湖南提督の海陵阿（かいりょうあ）を敗死させ、四カ月にわたり湖南南部を転戦したが、常寧（じょうねい）県洋泉市で殲滅された。

▼チワン族　タイ系の少数民族で、現人口は中国少数民族では最大の一四〇〇万人。広西の土着民族とする説もあったが、近年明代に貴州方面から波状的に広西へ移住したことが明らかになった。

▼「土白話」を話す漢族の早期移民
明代以前にこの地へ入植した漢族早期移民で、貴県や桂平県では南部の丘陵地帯に多く住んでいる。彼らの話す言葉は広東語系の方言であるが、その発音は広州語とまったく異なり、古代粤(えつ)語の痕跡をとどめているという。

ヤオ族の老婦人(広西桂平市紫荊鵬隘山にて)

家は貧しく彼らをやしなうことができなかった。九月に洪秀全は馮雲山を帰郷させ、十一月には自分も広東へもどった。だが馮雲山は一人で隣の桂平《けいへい》県へはいり、客家の同郷関係を頼って布教活動を続けた。

『原道救世歌』と儒教文化

花県にもどった洪秀全は伝道用のパンフレットづくりに取り組んだ。その一つで一八四五年に完成した『原道救世歌《げんどうきゅうせいか》』はつぎのような内容となっている。

天地を開きし真神は、上帝一人おわすのみ。
身分高きも賤《いや》しきも、ひたすら拝みあがむべし。……
上帝以外のくさぐさを、拝みつくして見てみても、なべて空しきこととなるぞ。
益なきのみにはあらずして、害を受くるが果てならん。……
上帝以外の他の神が、造化を宰するいわれなし。

ここで洪秀全は「上帝」が万物を創造した唯一神であり、現在人びとが信じている「他の神」はみな虚妄であると主張している。続けて彼は「六つの不

貴県賜谷村風景　後方に見えるのが拝上帝会の拠点となった竜山山区。

正」として、淫行、父母にさからうこと、殺人、人の財を奪うこと、シャーマニズム、バクチとアヘンをあげ、これらをやめるように説いた。

だがこのうち淫行、殺人と窃盗については、『勧世良言』巻五が「ローマの信徒への手紙」を引用しながら「姦淫するなかれ、殺すなかれ、盗むなかれ」と述べており、洪秀全のオリジナルではなかった。父母にさからうことについても、『勧世良言』巻九の「コロサイの信徒への手紙第三章の註解」が「子たる者は心と力をつくして父母に仕えるべきである。……父母が過ちを犯しても、諫《いさ》めはしてもさからってはならない」と述べており、洪秀全は儒教の「孝」観念にもとづいてこれを詳しく解説したにすぎなかった。

またアヘンについて『原道救世歌』は、「狂気のわざの最たるは、アヘンを吸うことこれならん。やくたいもなき烟鎗《えんそう》〔アヘンぎせる〕に、われからその身を傷《けず》りたる、英雄たちは数知れず」と述べた。当時中国ではインド産アヘンの流入が深刻な問題で、厳禁論を唱えた清朝は密売商人の摘発を繰り返した。また有力者には身内からアヘン患者がでないように、家訓に厳しい罰則を設けた者もいた。『原道救世歌』の内容はこうした時代をよく反映しているが、洪秀全はこの問題に具体的な提案をもっていなかった。むしろ「かの孔丘（孔子）や顔回《がんかい》▲は、貧に安んじ楽しめり」と儒教の聖人を称えながら、人びとに貧困にあまんじて「分を守る」ように説くのが精一杯だった。

さらに殺人の戒めについてみると、『原道救世歌』は「人を殺せば昔より、おのれを殺すが果てなりき」と述べたうえで、歴代の反乱首領だった黄巣《こうそう》▲や李自成▲を「凶悪無道の賊」と非難した。ここからはのちの太平天国運動につながる、既存の体制への批判はまったくみられない。全体として『原道救世歌』は『勧世良言』の内容を、洪秀全がもっていた豊富な儒教的素養をもとに再解釈したものと考えることができよう。

『原道醒世訓』と大同ユートピア

続いて洪秀全は『原道醒世訓《げんどうせいせいくん》』を執筆した。この書の第一の特徴は『勧世良言』に欠けていた現実への批判にもとづき、理想社会のイメージを描いた点にあった。まず洪秀全は当時の中国が生まれた国や出身地、姓が異なる者同士で憎み合う社会であると指摘したうえで、その原因を人びとの「私心」に求めて

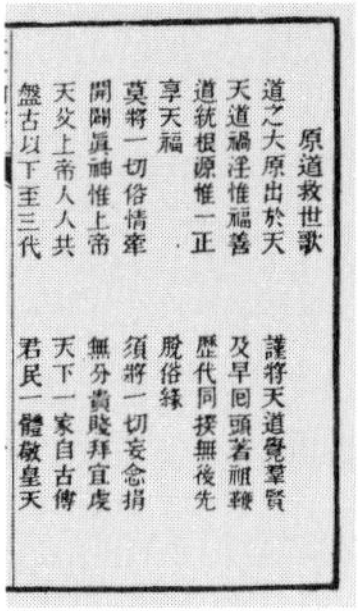

原道救世歌
道之大原出於天　諄將天道覺羣賢
天道禍淫惟福善　及早回頭著祖鞭
道統根源惟一正　歷代同揆無後先
享天福　脫俗緣
莫將一切俗情牽　須將一切妄念捐
開闢眞神惟上帝　無分貴賤拜宜虔
天父上帝人人共　天下一家自古傳
盤古以下至三代　君民一體敬皇天

『原道救世歌』の冒頭部分（一八五二年に詔として公刊された）

▼**顔回**　孔子の弟子で、貧しかったが学問を好み、弟子のなかでもっとも賢かったという。

▼**黄巣**　唐代農民反乱の首領。山東の出身で科挙受験に失敗し、塩賊の王仙芝とともに蜂起した。八八〇年に一度は長安を占領したが、敗北して自殺した。

▼**李自成**　明代農民反乱の首領。陝西（せんせい）延安の貧農から反乱軍に投じ、いっさいの租税免除のスローガンを唱えて勢力を拡大し、闖王（ちんおう）を名乗った。一六四四年に明朝を滅ぼして大順政権を立てたが、明の将軍呉三桂と清軍に敗北した。

つぎのようにいう。

あるがままに天下をみるに、これを分けていえば万国に分かれているが、ひっくるめていえばじつは一家に属する。皇上帝は世界すべての人にとって共通の父である。……それならばどうして自分の国、他の国などという私心に動かされてよいものだろうか。どうして侵略したり、併合したりするなどの考えをもってよいものか。……

だが乱が極まれば治に向かい、暗黒が極まれば光明に向かうのは天の道である。……

願わくは天下の兄弟姉妹たちよ、悪魔の鬼門を跳びこえ、上帝の真道に従って、この衰えた時勢を挽回《ばんかい》しよう。やがては天下の人が一つ家族として、みなともに太平の世を享受するのを見ることができる。正道からかくも離れたこの酷悪《こくあく》な世が、どうして一朝にして公平で正直な世に変わらぬことがあろう。

ここで洪秀全はエホバが人類共通の父であり、天下は一家だという考えを力強く語っている。こうした考えは『勧世良言』にもみられるが、梁発はそれをあくまで「天上」のこととみなし、『ローマの信徒への手紙』の「すべての人は上に立つ権威に従いなさい」という一節を引用しながら、地上の権力にたいする無条件の服従を説いた。

これにたいして洪秀全は「天上のものと地上のもの、精神的なものと物質的なものの区別はつけられなかった」とあるように、『勧世良言』の説く理想社会が「天上」における「精神的」な世界であるとは考えなかった。彼は「天国の約束された領土とは中国を指し、神に選ばれた民族の後裔《こうえい》とは中国人と洪秀全を指すものと思った」とあるように、エホバの意志が「地上」とりわけ中国に実現されなければならないと考えた。

また洪秀全は自ら経験した客家にたいする差別と不公正、布教活動をつうじて知った中国社会の腐敗を「酷悪な世」とみなし、「公平で正直」な「太平の世」を実現する必要性を説いた。この社会改革への情熱は『原道救世歌』にはみられなかったもので、洪秀全の思想が『勧世良言』を乗りこえつつある事実を示すものだった。

『原道醒世訓』の第二の特徴は、中国の伝統思想とくに儒教が与えた影響であった。例えばさきにみた「混乱のあとにはかならず秩序がもたらされる」という考えは、陰陽を重んじる中国人ならではの発想だった。また洪秀全は「太平の世」について「家はあけっぱなしで、道にものが落ちていてもだれも拾わず、男女は別々の道路を歩く」とあるように、儒教の「大同《だいどう》」思想▲にもとづいて理想社会のイメージを具体的に描き出した。さらに彼は孔子が「大同が実現すれば天下は公となる(天下為公)」と述べた『礼記《らいき》』の文章を引用し、「今なおこの大同を望むことができるだろうか」と記している。

　これら洪秀全の二つの著作が儒教の強い影響を受けていたことは、洪秀全がキリスト教を受容し、主観的には儒教を排撃した事実と一見矛盾する。だが太平天国の改革プランである『天朝田畝制度《てんちょうでんぽせいど》』▲も、大同ユートピアを社会制度として実現することをめざしていた。むしろ洪秀全のなかで異文化との出会いはかならずしも伝統文化の否定ではなく、伝統文化への回帰とその見直しにつながったと考えられる。

　この異文化との接触が伝統文化の再発見をもたらすという現象は、清末改革派の思想にもあてはまる。例えば洋務《ようむ》派が中体西用論《ちゅうたいせいようろん》▲を唱えてヨーロッパの技

▼**「大同」思想**　いにしえの公平で平和な世界を理想とするユートピア思想で、あらゆる社会矛盾の原因を「私」(私心、私有、私利の追求)に帰してこれを否定し、「公」(公共心、公有、私心なき相互扶助)を絶対的な善として強調する。

▼**『天朝田畝制度』**　一八五四年に公刊された書籍で、太平天国がめざした社会プランを提示したもの。すべての男女に耕地を均等に割り当てる公有制を説いた。だがこの制度では官と民の関係が平等でなく、経済発展という視点が欠けていた。また社会の現実とかけ離れていたために実現されなかった。

▼**中体西用論**　洋務運動期のスローガンで、儒教を中心にすえながら、ヨーロッパの近代技術を導入して国防をはかることをめざした。運動推進者たちの儒教にたいする信頼は絶大で、鄭観応(ていかんのう)はヨーロッパの技術を取り入れれば「孔子、孟子の正しい道に立ち帰ることができる」と主張した。

術を導入できたのは、彼らのなかに儒教文化にたいするゆるぎない信頼があったからだった。また日本モデルの近代化をめざした康有為《こうゆうい》▲は孔子を改革者と読みかえ、大同ユートピアをヨーロッパの社会進化論を用いて解釈しなおすことによって、儒教を変法運動の理論的支柱に位置づけることに成功した。

さらに時代はくだるが、革命派の毛沢東《もうたくとう》は、大同思想を社会主義(マルクス主義)思想の中国版として語り、一九五八年の大躍進《だいやくしん》▲でこれを性急に実現しようとした。朝鮮(李朝)では一八六〇年に崔済愚《さいさいぐ》▲が儒教をベースに伝統宗教を融合し、東学《とうがく》を創始してキリスト教(西学)に対抗しようとした。つまり伝統文化への回帰とその再創造は、近代ヨーロッパの洗礼を受けた東アジアに共通する反応だったのであり、洪秀全もこの時代の精神と無関係ではなかったのである。

なお『原道醒世訓』はこの大同ユートピア実現のために「おのれを正し、人を正せ」と説き、宗教的覚醒による社会改革をめざしていた。また洪秀全は「天のやしなうものは和をもって貴しとなす。おのおのあい安らかに太平を享受せん」と述べており、この段階で彼は理想社会の実現のために革命を想定していなかったことがわかる。

▼**康有為**(一八五八～一九二七) 広東南海県人。日本の明治維新をモデルとした改革を主張し、一八九八年に戊戌変法(ぼじゅつへんぽう)をおこなったが、西太后ら保守派のクーデタにより挫折した。

▼**大躍進** 社会主義の実現をめざした主観的な経済計画。農業では人民公社の設立による集団化が進められ、共産主義の即時実現を望む熱狂的な雰囲気のなかで、公共食堂で無料の食事が提供された。だが勤勉な農民は労働の質の違いを無視した政策に抵抗してサボタージュに訴え、一九六〇年の大飢饉と大量の餓死者を生み出した。

▼**崔済愚**(一八二四～六四) 慶尚北道(けいしょうほくどう)の人。没落両班(ヤンバン)の出身で、一八六〇年に「天主」の降臨を感得して東学を唱えた。一八六四年に李朝政府は彼を処刑したが、東学は勢いをまし、九四年に全琫準(ぜんぽうじゅん)が率いる甲午農民戦争へとつながった。

洪秀全のロバーツ訪問

一八四七年三月に洪秀全は広州にいたアメリカ人牧師のＩ・Ｊ・ロバーツをたずねた。ロバーツはバプティストの伝道者で、一八三八年に中国へ入り、一八四四年に粤東施醮聖会《えっとうししょうせいかい》を立てた。洪秀全はここでキリスト教を学び、はじめて『旧約聖書』『新約聖書』の全文を読んだ。一八五二年にロバーツはつぎのように回想している。

一八四六年かその翌年、二人の中国の読書人が私の広州の住居にきて、キリスト教の道を学びたいといった。そのなかの一人はまもなく家に帰ったが、もう一人は私のもとに二カ月あまり引き続きとどまった。この間彼は聖書を研究し、講義を受けたが、品行ははなはだ端正だった。この人が洪秀全、つまり今の革命の領袖《りょうしゅう》であるようだ。……洪秀全がはじめて私の所にきたとき、彼は一文を書いて『勧世良言』をえた経過および病気にかかったありさまと病中に見た異象をすべていちいち詳しく語った。また夢のなかで見たことが『勧世良言』にいわれていることと一致していると語った。

これにたいして私は当時も今も不思議な感じをいだいている。彼は聖書について広い知識をもっていなかったのに、どこからこういうことを知ることができたのかまったく不思議だ。彼は洗礼を受けることを求めた。だがまだ私を満足させるにいたらぬうちに、彼は広西に行ってしまった。

ここで洪秀全がロバーツを「満足させるにいたらなかった」理由について、長く中国では洪秀全がすでに革命をめざしていたことが原因と考えられてきた。だが最近、一八四七年にロバーツの書いた手紙が発見され、ロバーツが洪秀全の提出した文章を高く評価していたこと、洪秀全の幻夢体験についてもコルネリオの見た異象▲と同じであり、「すべて聖書からでている」と好意的に評価していたことが明らかになった。

ロバーツが洪秀全に満足できなかった実際の理由は、彼が洗礼を望んだことをめぐる誤解にあった。洪秀全がロバーツから有望な青年として期待されると、周囲の中国人信徒は自分たちの地位が奪われることを恐れた。そして彼らは洪秀全に向かって、洗礼のときに生活費の保証を要求するように勧めた。洪秀全がこれに従うと、ロバーツは彼が「邪悪な理由で教会に加わろうとしている」

▼**コルネリオが見た異象**　『使徒言行録』第一〇章にある、異邦人でイタリア隊の百人隊長だったコルネリオが、幻で見た天使のお告げに従い洗礼を受けたという話。

と誤解して洗礼を延期してしまった。

　このロバーツの誤解は洪秀全のプライドをひどく傷つけるものだった。彼は科挙試験に続いて、キリスト教の入信においても挫折を経験したのである。一八四七年七月に洪秀全は広州を去り、馮雲山の足跡を求めて広西へと旅立った。▲

▼その後のロバーツと洪秀全　一八六〇年にロバーツは天京へ招かれて太平天国の宗教・外交顧問となったが、二年後に洪秀全と決裂した。後述の容閎(ようこう)は天京時代のロバーツについて、「太平天国の黄色いしゅすの長衣を着て、ぶかっこうな中国の靴をはき」「どんな資格で彼が南京で行動しているのか、だれにもわからない」と冷ややかに描写している。

②—拝上帝会の創立・発展と中国民衆文化

広西における拝上帝会の創立

一八四四年に桂平《けいへい》県にはいった馮雲山《ふううんざん》は、客家《ハッカ》の同郷関係を頼って紫荊山《しけいざん》▲の高坑冲《こうこうちゅう》村の張家に身をよせ、四六年には大冲《だいちゅう》村に住む曾玉珍《そうぎょくちん》の家に塾教師としてむかえられた。曾家は一七六〇年に広東掲陽《カントンけいよう》県から移住した客家で、特産物の販売や山地の開墾によって小地主に成長した。

馮雲山はこの曾家の人びととの援助を受けて布教活動を進め、大きな成功をおさめた。一八四七年に洪秀全《こうしゅうぜん》が広西《こうせい》を再訪したとき、馮雲山は紫荊山だけで二〇〇〇人の信者を獲得していた。その後も拝上帝教《はいじょうていきょう》は広西、広東にまたがる八つの地域へ勢力を伸ばしたが、この急速な発展は「信徒は大部分が客家人」とあるように、これらの地域へ入植した客家によって支えられていた。この馮雲山の創設した宗教団体を拝上帝会《はいじょうていかい》と呼ぶ。▲

▼**紫荊山区**　太平天国の挙兵地点である金田村の背後にそびえる山々で、総面積二四九平方キロ、一三〇〇メートルの洪水頂(こうすいちょう)を筆頭に、八割が山地である。太平天国当時の人口は四〇〇〇人程度と推測され、現在も客家とチワン族、ヤオ族を中心とする二万人の人びとが農業と木材、キクラゲ、シイタケなどの特産品を頼りに生活している。

▼**拝上帝会の勢力拡大**　具体的には貴県の龍山、平南県の鵬化山、武宣県の東郷、象州、藤県の大黎(だいれい)郷、陸川(りくせん)県、博白(はくはく)県、広東の信宜(しんぎ)県などである。

広西移民社会と客家

明清時代の広西は外地から移住した漢族と少数民族が雑居する移民社会だった。とくに十八世紀に中国国内の人口が爆発的にふえると、広東などの先進地帯から移民が流入し、それまで一〇〇万人台だった広西の人口は一八五一年には七八二万人にまで増加した。

これらの漢族移民で成功したのは「客籍《きゃくせき》」と呼ばれる官僚・軍人出身者や商業移民だった。彼らは政府の庇護を受けながら土地を占有して開墾事業をおこない、収穫した米を広東へ売って利益をあげた。また彼らは豊かな経済力を背景に宗族▲組織や子弟の教育環境を整備し、多くの科挙《かきょ》合格者を生んで政治的な発言力を強めた。さらに彼らはたがいに婚姻・交友関係を結んで地域支配を担うサークルを形成し、小作人となったチワン族や彼らと同化した漢族下層移民を「土人《トゥーレン》」と呼んで抑圧▲した。

この地域で客家の移住が盛んとなったのは十八世紀後半であった。当時条件のよい平原部の耕地はすでに「客籍」有力移民の手中にあり、客家は多くが「土人」と同じく「客籍」地主の小作人となった。だが人口が急増したこの地

▼宗族　父系の出自集団で、周代に起源をもつといわれるが、実際に成立したのは宋代以降という。士大夫層が安定的に科挙官僚を生み出すために、一族の共有財産(族田)を設け、有望な子弟の科挙受験を経済的に支えたのが始まりで、のちには結束のシンボルとして後述の祠堂建設、族譜(家系図)の編纂などがおこなわれた。

▼チワン族への抑圧　道光『桂平県志』は「客籍は土人を凌いだが、あえて抵抗する者はいない」と述べている。またチワン族が「外にたいしては広東語を話すが、身内ではチワン語」とあり、彼らが少数民族であることをかくす二重言語生活を送っていたと伝えている。

●—**紫荊山区風景**　馮雲山はこの地で拝上帝会を創設した。

●—**紫荊山大冲村風景**　洪秀全と馮雲山は曾玉珍の家に逗留し、布教活動をおこなった。

●—**「客籍」有力移民の邸宅**（桂平市江口鎮竹斐村陳家）

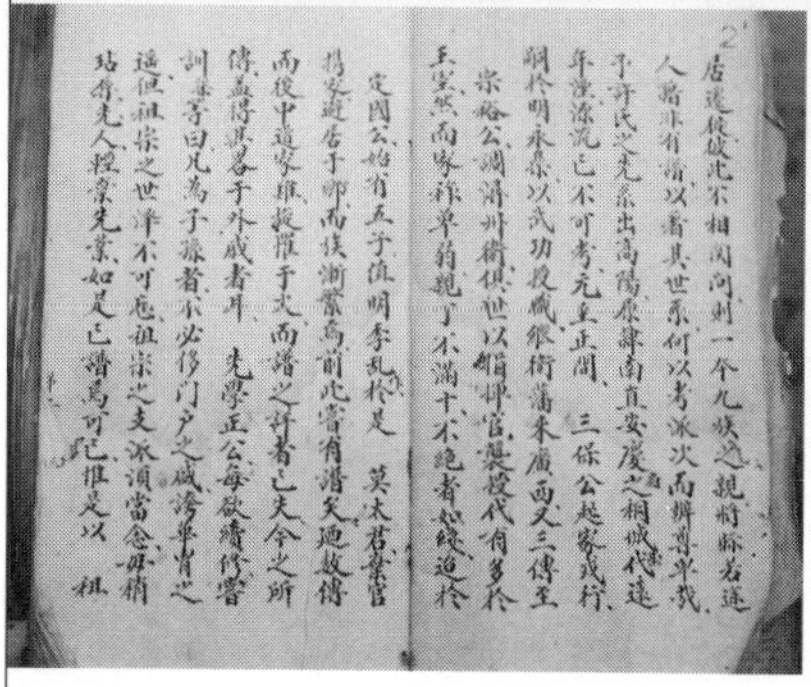

●—**「客籍」有力移民が作成した族譜**　外地から軍官として移住したことを強調している（桂平市金田鎮『許氏族譜』）。

山の民の生活　切り出した木材を筏に組んで下流へ運ぶ(右)。山腹に小屋がけをして開墾事業を進めた(左)。

方で小作地を手にいれるのは容易ではなかった。民国『桂平県志』はつぎのように述べている。

〔紫荊山麓にある金田《きんでん》地区の〕土地の多くは富豪のもので、農民の大半はその小作人である。……小作人が多いのに田は少なく、供給は需要におよばない。なんとか耕地をえようとするため、小作料は重い。毎年収穫の半分を地主におさめなければならず、大災害の年でなければ、地主はこれを少しも減らさない。……

ここは潯江《じんこう》などの大河から離れているため、地主は小作料の運送費として、一石〔一二〇斤〕につき一〇斤ないし二〇斤を小作料につけ加える。少しでも小作料が足りないと、「小作人をかえるぞ」と脅す。……だから耕地を求めて激しく競争し、小作料を決して欠かさないばかりか、期日に先立ってこれをおさめたり、別に小作保証金を支払ったりする。このため子どもや娘を売ってしまう者もしばしばいる。

人口過剰のために小作料が高騰し、収穫の半分を地主におさめたこと、また運送費の名目で八～一六％の米が余分に徴収されたこと、人びとは小作権を失

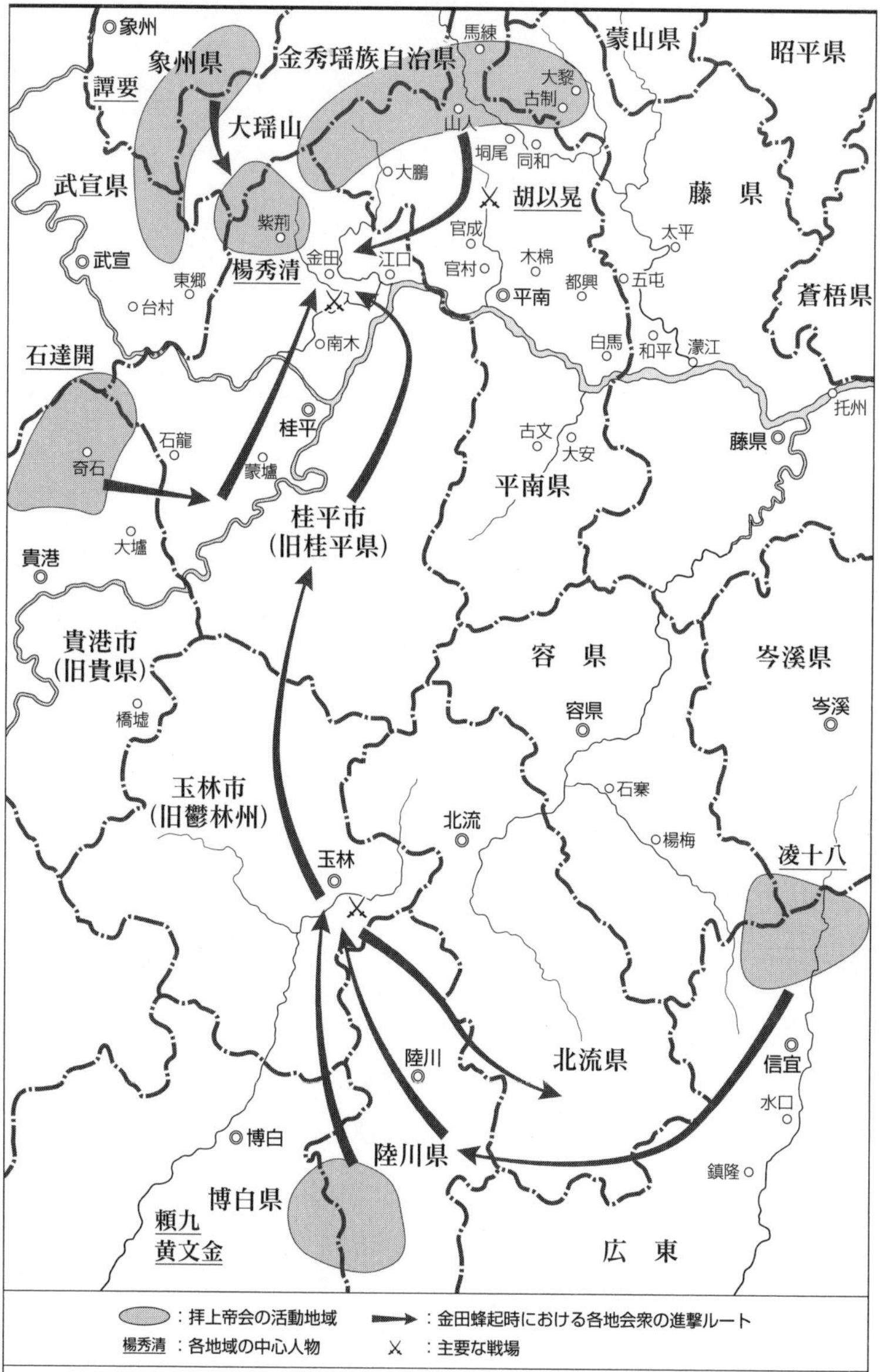
象州
象州県
金秀瑶族自治県
馬練
蒙山県
昭平県
譚要
大黎
古制
大瑶山
山人
垌尾
同和
武宣県
大鵬
胡以晃
藤　県
紫荊
官成
太平
武宣
金田
江口
官村
木棉
都興
五屯
楊秀清
東郷
台村
平南
蒼梧県
南木
白馬
和平
濛江
石達開
托州
桂平
古文
大安
藤県
石龍
奇石
蒙墟
平南県
桂平市
(旧桂平県)
大墟
貴港
貴港市
(旧貴県)
容　県
岑溪県
橋墟
容県
岑溪
玉林市
(旧鬱林州)
石寨
北流
楊梅
玉林
凌十八
北流県
陸川
信宜
水口
博白
陸川県
鎮隆
博白県
頼九
黄文金
広　東
：拜上帝会の活動地域
：金田蜂起時における各地会衆の進撃ルート
楊秀清　：各地域の中心人物
：主要な戦場

●—広西東南部

うことを恐れ、前倒しの小作料や保証金を払うために子どもを売る者さえいたことがわかる。この厳しい現実を前に、客家は紫荊山内へはいって開墾をおこなうか、炭焼《すみやき》業などに従事する以外に道はなかった。拝上帝会の活動拠点が紫荊山や貴県《きけん》の竜山《りゅうざん》、平南《へいなん》県の鵬化山《ほうかざん》など、山間部に飛び火のように広がった理由はここにあった。

一方先住の「土人」たちは新たにやってきた客家を歓迎しなかった。同治『潯州府志《じんしゅうふし》』は客家を「猍人《ライレン》」という蔑称で呼びながら、つぎのように記している。

猍人は潯州《じんしゅう》府のどこにもいるが、とりわけ貴県に多い。……彼らは男女ともに農業をいとなみ、苦労をいとわない。彼らが耕す田は、ほかの者の田に比べて収穫が倍増する。このため地主はみな彼らに自分の土地を小作させようと望む。

猍人の家は田のなかに点在しており、隣人はいない。だが猍人同士の誼《よし》みは篤《あつ》く、だれかに敵がいれば一緒になって勇敢に争う。一人が呼びかけると一〇〇人が応じ、鍬《くわ》や鋤《すき》をかついできては死を恐れずに戦う。このため土人と狭人のあいだにはつねに言い争いや喧嘩が起こり、械闘《かいとう》〔武力抗争〕に発展した。

客家が優れた農業技術を用いて、耕地の収穫を倍増させたことがわかる。その結果客家は小作権をかちとったが、それは元の小作人であった「土人」の失業を意味した。加えて客家は手工業や雑多な副業など、農業以外の技術をもつ点でも「土人」と異なっていた。それらはみな客家が中国社会の厳しい生存競争のなかで身につけた智恵であり、少数民族と比べたときにしたたかさは明らかだった。紫荊山では長い訴訟のすえ、開墾を請け負った小作地の所有権をチワン族から奪い取った客家の伝説▲が伝えられている。

だが移住まもない客家は自分たちの村をつくることはできなかった。「客籍」有力移民の小作人となって屋敷の周囲に住む者もいたが、「奴狗《ヌーゴウ》(下男)」と蔑《さげす》まれて嫌がらせを受けたため、同じ小作人である「土人」の村に住みつくことが多かった。結婚相手についても同じで、多くはほかの漢族下層移民やチワン族と通婚した。なかには結婚の機会に恵まれず、習慣のまったく異なるヤオ族女性の家へ婿《むこ》入りする客家男性もいた。

▼客家の伝説　後述する石人村の王家は、花雷(からい)村のチワン族地主だった雷家から小作地の開墾を請け負った。だが王家は「開墾地は三年間税を免除する」という法律を盾に所有権を争い、双方が武官県の役所に訴えた。知県は両家の六歳になる子どもを役所へ呼び、餅を与えたところ、王家の子は礼を言って食べたが、雷家の子は怯えて泣き出したため、知県は王家に軍配をあげたという。この伝説は漢族との接触をきらい、かえって不利な立場に立たされた少数民族の姿をよく伝えている。

つまり広西の客家は同じ下層民に属する「土人」と密接な関係を築くことが多かった。むろん両者のあいだには小作地の獲得をめぐる競争関係があり、客家は少数ながらも団結心に富んでいたために、ささいな問題に端を発した抗争も発生した。だが客家と婚姻・交友関係をもった「土人」のなかには拝上帝会に参加する者もいたのである。

拝上帝会の特質と民衆文化

それでは馮雲山はどのようにこれら客家や一部「土人」の心をとらえたのだろうか。一八五二年に公刊された『天条書《てんじょうしょ》』にはつぎのように記されている。

「罪を悔いるための祈禱《きとう》文」

小子〇〇〇、小女〇〇〇は地に跪《ひざまず》いて、真心から罪を悔い、天父《てんぷ》皇上帝の格別のお恵みにより、これまで無知ゆえに、しばしば天条を犯してしまったことをお赦しください。……今後は真心から悔い改めて、邪神を拝まず、邪事をなさず、天条を遵守いたします。……上帝のおかげで日々衣服と食物をえられ、災難をまぬがれることができますように。この世では平安をえられ、昇天しては永遠の幸福が享《う》けられますように。

「病気にあったさいの上帝への祈り」

小子○○○、小女○○○はただいま病気の苦しみにあっています。天父皇上帝のお恵みと加護により、病気がすみやかに退き、健康な体にもどれますようにお願いします。

ここでは洪秀全の著作にみられた儒教経典の引用が影をひそめ、「日々衣服と食物をえられ、災難をまぬがれる」といった現世利益的な要素が前面に打ち出されている。これに続けて『天条書』は「モーゼの十戒」にならい、一〇項目の戒律▲とその解説を設けた。

例えば第七の天条である「不義、淫乱の罪を犯すな」は、「淫らな目で人をながめ、淫らな心で人にたいする者、アヘンを吸う者、淫らな歌を唄《うた》う者、これらはすべて天条を犯す者だ」と述べている。また第一〇の天条「貪るなかれ」には「他人のきれいな女房を見て、これを手に入れたがったり、他人の持ちものや財産を見て、これをほしがったりする者、バクチをしたり、くじを買ったり、科挙の合格者を予想して、カケをしたりする者は、みな天条を犯す者

▼一〇項目の戒律　一〇項目の戒律とは、(1)皇上帝を拝め、(2)邪神を拝むな、(3)皇上帝に勝手な名をつけてはならぬ、(4)七日ごとに礼拝し、皇上帝の恩徳を讃えよ、(5)父母に孝順なれ、(6)人を殺し、傷つけてはならない、(7)不義、淫乱の罪を犯すな、(8)盗み、掠奪をするな、(9)うそ、いつわりをいうな、(10)貪るなかれ。

だ」とあり、ともに民衆の生活に根ざした具体的な内容が書かれていた。

　また拝上帝会の儀礼は中国の民間宗教や祖先祭祀の形式を受け継ぎながら、民衆に受け入れやすいものとなっていた。『洪秀全の幻想』はつぎのように記している。


　広西で礼拝のために集会が催されたときには、男と女はおのおの席を別にした。いつもまず讃美歌によって神をたたえ、ついで神の恵み、あるいはキリストの功徳にかんする講話がおこなわれる。……もしだれか会にはいりたいと希望する者がいれば、洗礼の儀式がつぎのようにとりおこなわれる。

　テーブルの上に二つの火を燃やし、茶碗にお茶を三杯ついでおく。これは中国人の感覚的理解に適応させるためであろう。洗礼希望者の名を書き連ねた懺悔《ざんげ》状が、彼らによって繰り返し読まれる。ついで懺悔状は焼かれる。これによって懺悔は神にたいして表明されたことになるのである。かくて彼らにたいし「悪霊を崇拝しないこと、悪いことをなさぬこと、また天の命じるところを守ること」を約束するかどうか、と質問が発せられる。この懺悔のあと、彼は跪き、清らかな水をたたえた大きな水盤から、コップに一杯ずつの水が各人の頭にそそがれ、「今までの罪悪を洗い清め、古きを除き、新しきを生む」の文句が唱えられる。ふたたび起ち上がって、作法に従って茶を飲み、おのおの水で胸および心臓の部分を洗い、その心のなかを洗い清めたことを示す。

また彼らはいつも河で水ごりをおこない、罪を懺悔し、神の赦しを願った。……お祭りの儀式のとき、例えば結婚とか、葬式とか、新年とかにさいしては、動物がいけにえに供され、儀式が終われば、列席者がこれを食べてしまった。

ハンバーグはこれらの儀礼が「純粋なキリスト教の神にたいする儀式とは矛盾」するが、「長い年月にわたってつくりあげられてきた中国人の習慣に適合」すると述べている。事実拝上帝会の儀礼は天地会▲の「刀の下をくぐり」「ニワトリの血がはいった酒を飲む」といった入会儀礼に比べるとオープンだが、「テーブルの上に二つの火を燃やし、茶碗にお茶を三杯ついでおく」といったやり方は中国の民間宗教と同じパターンであった。

▼天地会　中国南部を代表する秘密結社で、三合会ともいう。十八世紀に福建で相互扶助組織として生まれ、一七八六年に台湾で林爽文（りんそうぶん）の乱を起こした。その後も清朝の弾圧を受けるなかで蜂起を繰り返し、「反清復明」のスローガンを掲げるようになった。

▼満月酒　子どもの誕生一カ月の祝いで、親戚や知人を食事に招待する。

客家の祠堂におかれた大型位牌（桂平市垌心郷上瑶村陳家）

広東人の祠堂におかれた数多くの位牌（香港新界にて）

また文中にある「お祭りの儀式」として、『天条書』は結婚や葬式の儀礼、満月酒《マンユエジウ》▲などをあげている。それらは「葬儀では南無《ナム》といってはならない」とある点を除くと、いけにえの家畜や料理、茶や飯を供えて、「万事が思いどおり、大吉大昌《だいしょう》でありますように」と祈るところなどは民間信仰の色彩が強いものだった。また史料には「儀式が終われば、列席者がいけにえを食べる」とあるが、これは宗族が毎年の祖先祭祀でおこなう分胙《ぶんそ》の儀礼そのままであった。

拝上帝教と客家の諸習慣

つぎに注目されるのは拝上帝会の儀礼と客家の習慣との関連である。例えばさきの拝上帝会の儀礼では受洗者が水で身体を清め、洗礼後も信徒は「水ごり」を好んだとある。これは「瘴気《しょうき》の地」と呼ばれた辺境に入植し、マラリアなどの風土病を予防しなければならなかった客家の清潔好きと関係があり、「古きを除き、新しきを生む」という文句も、客家が毎年除夜にユズ湯で体を清める沐浴《もくよく》のときに唱えるものだった。また儀礼で供えられる「いけにえの家畜」について、挙兵後の史料は「犬を食うことをもっとも重んじ、戦いに勝つたびに犬の肉を食った」と述べている。これも客家の習慣からきたもので、彼らは一年をつうじて犬肉を食べることを好んだ。

　拝上帝会と客家の習慣との関連でもっとも重要なのは、拝上帝教の一神教と客家の「帰宗《グイゾン》」観念の関係であった。ここで帰宗とは宗族へ帰属するという意味であり、生前は祖先にたいする祭祀をおこない、死後は子孫から祖先の一人として祀られることで、個体の死を乗りこえようとする中国人特有の死生観であった。

　この帰宗観念をよく示すのは祠堂《しどう》▲の位牌《いはい》であるが、広東人の祠堂では男性祖先一人ごとに一個の位牌をおき、祭壇に位牌が林立する形態をとった。これにたいして客家の場合は祭壇の中央に大型の位牌を一つおくだけで、原則として個人の位牌はつくらなかった。また客家の場合、死者の霊ははじめ各家庭の正《せい》庁《ちょう》▲に祀られるが、やがて霊魂は宗祠の大型位牌に送り返された。この儀礼を「夾香火《ジアシアンフォ》」というが、人びとは死者の顔を洗う仕草をして「祖先の霊魂と一体になる」ことを祝った。

　客家と広東人にみられる位牌の形態の違いは、中国の農民反乱史上優れて統

▼祠堂　祖先祭祀をおこなう建物で、日本でいえば檀家の寺にある位牌堂が相当する。ここで祖先祭祀がおこなわれ、宗族成員の結束を高める。実際には一族全体を祀る宗祠から特定の房(ファン、分節)のためにつくられた家祠など、さまざまなバリエーションがある。ただし洪秀全当時の官禄㘵(かんろくふ)村など、弱小の宗族は祠堂をもたないことが多かった。

▼正庁　家屋正面の広間。この地方の民家は正庁を中心に、左右に一間ずつの部屋を設けるのが基本的な構造で、経済的余裕があれば前後に増築するのがふつうである。

一的な組織をもった拝上帝会と、各組織が乱立する傾向が強かった天地会の姿を象徴的に示している。また一つの大型位牌にすべての宗族成員の霊魂を帰属させる帰宗観念は、洪秀全を含む客家の人びとがキリスト教を受容するうえで重要な基礎になった。

この帰宗観念の拝上帝教に与えた影響をよく示すのが、「皇上帝《こうじょうてい》はこの世のすべての人にとって共通の父である」という言葉に示される太平天国の「大家庭」思想であった。この大家庭思想はエホバと人間の関係を親子関係になぞらえて理解するもので、太平天国が『天朝田畝制度《てんちょうでんぽせいど》』で主張した大同ユートピアの理論的な基礎となった。洪秀全はこの大家庭についてつぎのように述べている。

人はそれぞれの父母、家族、姓をもっており、自他の区別があるようにみえる。しかし万姓は一姓から出、一姓は一祖から出たもので、その大本はみな違いがなかった。……人の霊魂がなにから生まれ、どこから出てきたのかといえば、みな皇上帝の一元の気を受けて生まれ出たのだ。つまり一つの本《もとい》が分かれて無数の異なったものになったのであり、無数の異なったものはみな一つの本に帰着する。

ここでエホバは「万姓は一姓から出、一姓は一祖から出た」とあるように、黄帝《こうてい》▲や各宗族の始祖になぞらえて「本」と表現されている。人間はエホバの「一元の気」によって霊魂を与えられ、「みな一つの本に帰着する」とされたが、このときエホバは宗族が一人の始祖を源とするのと同じ意味で唯一神だった。

また『天条書』には「〔信者は〕この世にあっては皇上帝の加護を受け、死んでは皇上帝の恩愛を受けて、高天で永遠に福を受けることができる」とある。そこでエホバは客家の歴代祖先とよく似た構造をもっており、人間は現世でその「加護」を受け、死後はそれと一体となることで「永遠の福」をえられると約束されていた。つまり拝上帝教の一神教は「一つの本」を強調する客家の祖先崇拝をベースに形成されたのである。

教徒たちの証言

このように拝上帝会の思想は、客家など下層移民に理解しやすいものとなっ

▼**黄帝**　中国人の祖とされる伝説上の王。

▼忠王李秀成　一兵士として運動に参加した彼は後期太平天国の名将となった。太平天国の滅亡とともに曾国藩にとらえられ、長大な供述書を書いたのちに殺された。

ていた。それでは人びとはこの教えをどのように受け止めたのだろうか。のちに忠王《ちゅうおう》となった李秀成《りしゅうせい》(藤県大黎《とうけんだいれい》郷人)▲はつぎのように述べている。

　生活の苦しさは一日を過ごすのも困難なほどで、一カ月をやりくりするのはさらに難しく、山を耕し、人に雇われては飯にありついた。七歳から舅《お》父《じ》に従って勉強したが、十歳からは両親と一緒に働くようになった。……拝上帝会は「上帝を信じる者は災難をまぬがれるが、信じない者は蛇や虎に傷つけられる。上帝を信じる者はほかの神を拝んではならず、拝めば罪になる」といった。このため人びとは上帝を信じると、別の神を拝まなくなった。人間は死を恐れるものだ。蛇や虎にやられるといわれて、だれが怖がらないだろうか?　だからこそ彼らに従ったのだ。
　天王〔洪秀全〕は山奥で上帝を信じることを教え、「災いや病気を除くことができる」と説いた。これが千人、万人へと伝わり、数県のあいだに広がった。……読書明白の士は従わず、従ったのはみな農夫の家、貧しい家だった。

ここで李秀成は生活が貧しかったこと、拝上帝会に加わった理由が「災いや

広西藤県大黎郷風景　この地から李秀成、英王陳玉成をはじめとして多くの王が生まれた。

病気」「蛇や虎に傷つけられる」ことをまぬがれたいという現世利益的な目的だったこと、拝上帝会の信者はみな「農夫の家、貧しい家」であったことを証言している。

十九世紀半ばの広西は不景気と大災害が続き、「米の値段が暴騰し、人びとは飢えて死体が枕を並べた」とあるように深刻な飢饉にみまわれた。またアヘン戦争後に職を失った広東の兵士が武装集団をつくって流れ込み、土着の天地会員と結んで強盗を働いたり、官兵に抵抗するなど世相は騒然としていた。

こうした過酷な日々を生きる人びとにとって、「『上帝を拝めば災難をまぬがれ、天国に昇ることができる』といわれて信じた」「毎日飯を食うたびに『上帝のお恵みにより、衣食を与えられたことを感謝します』と唱えた」（拝上帝会員だった李進富《りしんふ》の供述）とあるように、自らの生存にかかわる素朴な要求こそは切実な問題だった。また会員のあいだでは洪秀全が病気をなおし、未来を予知する能力をもつと信じられたという。拝上帝会はこれら下層移民の要求にこたえることで急速な発展をとげたのである。

偶像破壊運動と伝統文化

馮雲山による布教活動の成果に自信を深めた洪秀全は、一八四七年十月から熱心な信徒と各地の廟を打ち壊す偶像破壊運動を開始した。それは拝上帝会の既成宗教にたいする宣戦布告であり、彼らはまず象州《しょうしゅう》の甘王廟《かんおうびょう》に行き、親殺しや男女の愛にまつわる伝承をもったこの神を「妖魔」としてたたき壊した。▲

また洪秀全が非難した神に貴県の六烏《りくう》廟があった。その主神である六烏娘は覃《ちん》姓なる女性で、六烏山で失意の秀才と恋に落ち、二人は心中して仙人になったとされる。これは劉三姐《リウサンジエ》の名で知られるチワン族の女性神だったが、洪秀全はこれを「淫奔《いんぽん》で野合した」「やり手婆《ばばあ》」と呼んで蔑《さげす》んだ。

これらの行動にあらわれた性にたいする潔癖なまでのタブー視は、拝上帝会のもう一つの特色であった。『天条書』は「天国の子女は男には男の組、女には女の組がある。混淆《こんこう》することは許されぬ。およそ男女で姦淫《かんいん》を犯した者は、妖怪に変わったものとみなす。それは天条に背く最大の罪だからだ」と述べ、太平天国の蜂起後は男営《だんえい》、女営《じょえい》という軍事・社会組織をつくって男女を厳しく隔離した。

▼洪秀全の甘王廟排撃　甘王廟は五代十国期の南漢討伐で功績をあげた甘陸とその姪を祀ったもので、洪秀全がその霊験についてたずねたところ、⑴母親を殺した、⑵姉に迫って卑劣漢と関係せしめた、⑶男女間の愛を歌う「淫蕩」な歌を好んだことを知った。すると洪秀全は「こやつこそ妖魔だ」と怒って甘王像を壊し、その罪を告発する文章を壁に記した。

復活した六烏廟　洪秀全に排撃された六烏廟は一九五〇年代に迷信として破壊されたが、八九年に筆者が調査したときには復活していた。左が六烏娘、右が林秀才。

こうした厳しい戒律が生まれた原因はプロテスタンティズムの禁欲主義よりも、「男女七歳にして席を同じくせず」という儒教的倫理観に求められるべきだろう。また洪秀全の六烏廟にたいする非難には、少数民族の文化を異端視する漢族知識人の差別意識があった。

十八世紀に広西の地方官となった趙翼《ちょうよく》▲は、少数民族の習慣について「男女間のことにはまったく分別がない」と批判した。彼がやり玉にあげたのは男女が恋歌を交わす「歌垣《うたがき》」で、「気が合うと歌が終わったあとに手を取り合って酒屋に行き、席を並べて飲む。贈り物をしあって情を深め、約束をして落ち合う。……こうした野合は内地の人が演劇を見たり、賭博をするようなもので、特別なことではない」と非難した。また彼はこの習慣を改めようと考え、既婚男女の交際を禁ずる法令を出したが、少数民族の人びとは「お役人様があれこれいうことじゃねえ」と失笑したという。

ここで趙翼がみせた儒教的な「正統」意識は、洪秀全の偶像破壊運動を支えた思想的土壌でもあった。このため洪秀全の六烏廟排撃はチワン族の抵抗を受け、一八五〇年に貴県で大規模な械闘が発生する一因になった。洪秀全は主観

▼**趙翼**（一七二七～一八一二）　江蘇省の出身で乾隆年間進士。一七六六年から広西鎮安府知府となり、辺境の地方官を歴任したが、引退して歴史家として名を残した。

金田三界廟　この廟は桂平県北部の「客籍」有力移民のシンボル的な存在であった。一八五〇年に太平軍によって占領、破壊された。

的には儒教を否定していたが、その行動には異文化を蔑視する中国伝統文化の抑圧的な体質が刻まれていたのである。

馮雲山の逮捕と「客籍」有力移民

こうした問題点はあったが、偶像破壊運動は既存の神々によって救われず、より強力な庇護を求めていた下層移民の共感を呼んで、拝上帝会の参加者はさらにふえた。また偶像破壊運動による伝統文化への攻撃は、これらの廟の祭りを主宰することで移民社会のリーダーシップを握っていた「客籍」有力移民の激しい反発を引き起こした。その先頭に立ったのが、紫荊山石人《せきじん》村に住む王作《おうさく》新《しん》一族である。

この王家も一七五四年に広東嘉応州《かおうしゅう》から紫荊山へ移住した客家だったが、開墾事業で経済的成功をおさめるとともに教育へ力をそそぎ、四代王作新(生員《せいいん》)、五代王徳欽《おうとくきん》(同治年間挙人《きょじん》)らの科挙エリートを生んだ。また王氏は平原地区の「客籍」有力移民と婚姻関係を結び、彼らが地域支配のシンボルとして建立した金田三界廟《さんかい》の修理工事に寄付をすることで、地域社会における発言権を獲得した。

一八三五年ころに桂平県の地域リーダーだった金田古程《こてい》村の黄体正《こうたいせい》（嘉慶年間挙人）は、治安強化のために安良約《あんりょうやく》という村落連合を創設した。王家の人びとはその末端のメンバーとなり、団練《だんれん》と呼ばれる自警団を組織した。こうしてえた政治力を武器に王作新は紫荊山のほかの客家移民や少数民族を圧倒し、大冲村の曾玉珍一家とも耕地の所有権をめぐって争った。

拝上帝会が生まれた当初、王作新は同じ客家であった洪秀全らと交遊関係をもったという。だが洪秀全が王家の建てた蒙冲《もうちゅう》の雷廟《らいびょう》を破壊すると、一八四八年初めに王作新は馮雲山をとらえて桂平県へ訴えた。その告発状は拝上帝会が「ヨーロッパの旧約聖書に従って清朝の法律を守ろうとしない」と指摘し、「表向きは宗教だが、密かに謀反を企んでいる」と断定していた。

これにたいして馮雲山は、一八四六年に清朝がキリスト教を公認したことを理由に反論し、「古今の経典も上帝を拝むように書いてある」と述べて冤罪《えんざい》を主張した。また洪秀全は会員からの献金によって訴訟の費用を集め、馮雲山の釈放を求めるべく広州へ向かった。結局馮雲山は「反乱の形跡なし」との判決を受けて広東へ追放された(その途中彼は護送の役人を入信させ、紫荊山へもどってきた)。また裁判が不利とみた王作新は地方官の呼出しに応じず、拝上帝会の報復を恐れて三年間も紫荊山にもどらなかった。

この王作新の訴訟事件は偶像破壊運動によって伝統文化への挑戦を試みた拝上帝会が、神々の権威によって移民社会を統合していた「客籍」有力移民と衝突した最初の事件だった。ここで拝上帝会が勝訴した原因の一つは、地方官の事なかれ主義やキリスト教の布教を求めるヨーロッパ列強の圧力にあったが、洪秀全らがエホバを中国固有の神と位置づけ、外来宗教であるキリスト教を土着化させる努力をしていた点も見のがせない。

この事件のあと、「団練と拝上帝会の人とはたがいに区別し、勢力を争い合った」とあるように、拝上帝会は「客籍」出身の科挙エリートが率いる団練との対立を深めた。そして伝統文化を政治的権威の象徴とみなした「客籍」有力移民との対抗関係のなかで、拝上帝会もまた反体制的な政治性をおびることになったのである。

天父・天兄下凡と洪秀全の民衆文化受容

さて馮雲山が獄中にいた一八四八年に、拝上帝会のなかで大きな変化が発生した。紫荊山に住む楊秀清《ようしゅうせい》（のちの東王）、蕭朝貴《しょうちょうき》（のちの西王）という二人の青年会員に「天父《てんふ》（エホバ）」と「天兄《てんけい》（キリスト）」の霊が乗り移り、地上の革命運動へつながるお告げを発しはじめたのである。

楊秀清は紫荊山内にある鵬隘山《ほうあいさん》の人で、広東嘉応州から移住した客家であった。炭焼業をいとなんだ楊秀清は両親を早く失い、病気で片目を失ったが、機敏な性格で俠徒との交わりを好んだ。また蕭朝貴は武宣県のチワン族である蔣《しょう》万興《ばんこう》の子で、鵬隘山の蕭玉勝《しょうぎょくしょう》に養子として迎えられた。だが彼は蕭玉勝や彼の実子である蕭朝隆《しょうちょうりゅう》に冷遇されて苦しんだ。

近年ロンドンで発見された『天兄聖旨』によると、はじめてあらわれたキリストは「朕は耶蘇（イエス）である。指示を聞きたい者がいれば、蕭朝貴をつうじて、おまえの面前で話をしよう」と述べ、ついで洪秀全に「おまえは朕を知っているか」とたずねた。そして洪秀全は「存じております」と答え、蕭朝貴に乗り移った霊魂がキリストにまちがいないことを認めている。

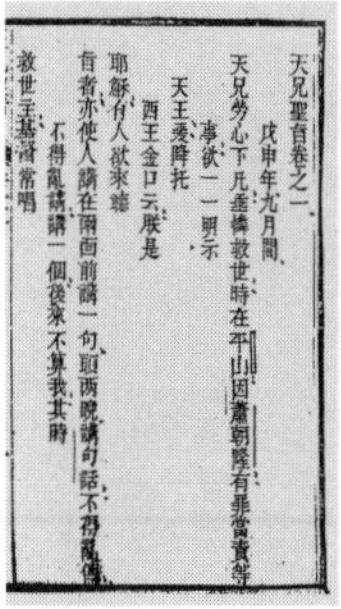
天兄聖旨卷之一
戊申年九月間
天兄勞心下凡埀憐救世時在平山因蕭朝隆有罪當責罸
事欲一一明示
天王奏降托
西王金口云朕是
耶穌有人欲來論
旨者亦使人講在兩面前講一句頂兩晚講句話不得亂傳
不得亂講講一個後來不算我其時
救世主基督常唱

『天兄聖旨』の冒頭部分

台湾のシャーマン（八家将）

▼**譚公爺爺**　桂平県一帯で信仰されている神で、清初にこの地を平定した軍人を祀ったものとされる。

こうした神がかりは「降僮《ジャントン》」「仙姑《シエングー》」などと呼ばれた南方系シャーマニズムであった。光緒『貴県志』によるとこのシャーマンは多くが客家で、「寡婦《かふ》にかわって死んだ夫をたずね、若死にした子どもの魂を探す」と宣伝した。そして信者が供え物を捧げて焼香すると、「両手をテーブルに乗せ、首をうなだれてつぶやく。しばらくすると首を伸ばし額にしわをよせ、なにごとか唱えはじめる」という。シャーマンがなにかをいいあてると、人びとは驚いて真実と思い込み、「死者の魂と対面するや、夫と死に別れた者は泣き出し、失った子どもを思う者は嗚咽《おえつ》して一言も発せられない」と記している。

また紫荊山での調査によると、降僮は如来仏《にょらいぶつ》や甘王、譚公爺爺《タンゴンイエイエ》▲などの中級神を降臨させ、病気の治療法や男の子の出産方法などを伝授した。「僮子《トンズ》」と呼ばれたシャーマンは専業の男性で、降僮をおこなうときには上半身裸となり、地面に激しく叩頭《こうとう》を繰り返してトランス状態にはいった。このため僮子はみな額に瘤《こぶ》があり、瘤が大きいほど霊験あらたかとされたという。

すでにみたように、洪秀全は『原道救世歌《げんどうきゅうせいか》』でシャーマニズムを「六つの不正」の一つとして禁じていた。だが不安定な生活に苦しむ拝上帝会の信者にとって、天父・天兄下凡《かぼん》による啓示や「魂を天堂に昇らせる」催眠術▲は強烈なリアリティをもっていた。洪秀全はこれら人びとの土俗的な信仰にたいする要請にこたえ、拝上帝教の教義を改めた。それは両班《ヤンバン》出身の崔済愚《さいさいぐ》が仙薬で病気をなおすシャーマニズムをおこない、東学《とうがく》を下層民のあいだに広げたのと同じく、儒教的知識人であった洪秀全が「内なる異文化」というべき民衆文化との接点を模索して見出した妥協点であった。

この洪秀全によるシャーマニズムの受容について、ハンバーグはつぎのように述べている。

信者たちが祈禱しているときに、出席者中のある者が突然の発作におそわれ、地上に倒れ、全身汗を流していた、というようなことがときに起こった。こうした昏睡《こんすい》状態のなかに、霊が乗り移って勧めの言葉、預言などを発した。その言葉は難解で、一般に韻語《いんご》をもって述べられた。兄弟たちはこれらの言葉のうち、もっとも注意すべきものを記録しておき、これを洪秀全の前に提出して判断を求めた。……

これらの言葉のうちもっとも重要で、洪秀全がまことなりとしたものは楊

▼**催眠術**　『天兄聖旨』巻一に登場する、人びとを眠らせたあとに明りで顔を照らし、その心を呼び覚まして対話する儀式。

▼**シャーマニズムの高まり**　このなかには洪秀全から異端と認定され、排除されたシャーマンもいた。『洪秀全の幻想』は「黄氏の一族の一人は、イエスの教えにもとったことをいい、多くの人を迷わせたが、彼は拝上帝会から除名された」とあり、『天兄聖旨』で蕭朝貴は、象州出身の「李妖(りよう)」なる会員を、偽りの言葉を伝えた罪で処刑するよう命じている。

秀清、蕭朝貴の言葉であった。……楊秀清は父たる神〔エホバ〕の名においての語り、荘重な、かつ人を恐れさせる態度でほかの人びと、ときには個人を指して、その罪を責め、彼らの悪事を暴露した。また善行をなすように勧め、未来のことを預言し、あるいは人びとのなすべきことを命令した。彼の言葉は一般に聴衆に深い印象を与えた。蕭朝貴はイエスの名において語り、その言辞は楊秀清よりもおだやかであった。……

ここから馮雲山の逮捕によって会員の動揺が広がり、シャーマニズムへの要求が高まったこと、▲洪秀全がシャーマニズムにたいする評価を求められ、楊秀清、蕭朝貴のそれを「まことなり」と公認したこと、そして楊秀清の天父下凡は人びとに強いインパクトを与え、彼が拝上帝会内で政治的リーダーシップを獲得したことがわかる。

また一八四八年から楊秀清は、二度にわたって「口はきけず、耳は聞こえず」「耳から膿《うみ》が流れ、目からも絶えず涙が流れ出した」という異常な病気に冒された。だがその結果彼は「自ら進んで他人の病気を引き受け」「病をなおす力があると信じられた」とあるように、特殊な能力をおびた異人と考えられるようになった。

　この身体的なハンディキャップをもつ人間が人びとの苦難をあがなうというモチーフは、中国の民間宗教に広く見られる現象で、一七九六年に四川で蜂起した白蓮《びゃくれん》教反乱では、あばたのある醜男《ぶおとこ》が弥勒《みろく》仏の生れ変りである牛八《ぎゅうはち》▲に選ばれた。また日本の一向一揆《いっこういっき》でも「平家語り」と呼ばれる盲目の琵琶《びわ》法師が、信者集団の中核となって大きな役割を演じたという。つまり拝上帝会は天父・天兄下凡によってキリスト教との距離を広げ、中国ひいてはアジア社会の習慣に根ざした土俗的な宗教へと変質したのである。

▼**牛八**　明王室の朱姓を分解したもので、新王朝の皇帝の意味。

拝上帝会の変質と『原道覚世訓』

　天父・天兄下凡が拝上帝会にもたらした最大の変化は、洪秀全をエホバの次子、キリストの弟としてその絶対的権威を強調し、彼がきたるべき新王朝の君主であると主張して、拝上帝会の活動を宗教運動から革命運動へと変質させたことにあった。

　例えば一八四八年四月にはじめての天父下凡をおこなった楊秀清は、洪秀全がエホバによって地上へ派遣された「天下万国の真の主」であると主張した。

また『天兄聖旨』巻一によると、洪秀全は下凡した天兄キリストとつぎのような対話をしている。

洪秀全はたずねた「私が昇天〔幻夢体験を指す〕したときに、家の門に『天《てん》王大道君王全《のうたいどうくんおうぜん》』と記された紙がかかっていましたが、どういう意味なのでしょうか？」。

天兄は答えた「おまえは忘れたのか、この七字は天よりもたらされたものだ。あのとき天父と朕はおまえに兵権を与え、この七字を門にかけて証拠としたのだ」。

ここで天兄は洪秀全が「兵権」をつかさどる新王朝の君主〔天王大道君王全〕に封じられたと告げている。古来中国では易姓《えきせい》革命の思想があり、天から命令を受けることは王権を与えられることと考えられてきた。このため洪秀全の幻夢体験を聞いた信者たちは、洪秀全こそは中国の民間宗教において繰り返し説かれた「真の君主」に違いないと受け止めた。そして蕭朝貴は「天父、天兄がおまえ〔洪秀全〕に権威を与える。おまえは兄弟たちを率いて、ともに天下を平定しなければならない」というお告げをくだすことで、人びとの期待を具体的なかたちにしたのである。この拝上帝会の政治的な革命結社への変容は、拝上帝教におけるキリスト教の中国化がいきついた終着点であった。

　こうした拝上帝会の変容を前に、一八四八年に洪秀全は『原道覚世訓《げんどうかくせいくん》』を執筆して地上革命への道を受け入れた。そこで洪秀全は閻羅妖《えんらよう》（閻魔《えんま》）を排撃し、上帝への信仰を回復せよと人びとに訴えるとともに、歴代皇帝の罪を厳しく糾弾している。

　中国の史書によれば、盤古《ばんこ》から三代までは君も民もみな皇上帝を礼拝していた。……だが秦の政〔始皇帝〕のときに神仙《しんせん》の怪事という悪の端緒が開かれ、舜《しゅん》や禹《う》を祀り、人をやって海上に神仙を探させるなどのデタラメがおこなわれた。……

　宋の徽《き》〔徽宗〕は皇上帝を昊天金闕玉皇大帝《こうてんきんけつぎょくこうたいてい》と改称した。だが昊天金闕はともかく、玉皇大帝と称するのは皇上帝を冒瀆《ぼうとく》するものだ。……徽が金の捕虜になり、子どもの欽《きん》〔欽宗〕とゴビ砂漠の北で死んだのは当然だ。▲……おまえたち世人はまだ帝のことがわかっていない。皇上帝こそが真の神で

▼**徽と欽の死**　靖康の変（一一二六～二七年）を指す。このとき金の攻撃によって首都開封が陥落し、徽宗、欽宗らが北満に拉致されて、北宋は滅亡した。

ある。俗世の君主といえども王と称すればそれで十分だ。ごくごくわずかでも、そのあいだの隔たりを勝手に踏みこえることは絶対に許されない。……そんなことをする奴は身の程を知らぬ尊大な奴で、自ら永遠に地獄の災いを求める者だ！

ここで洪秀全は歴代の皇帝がエホバを敬わず、神仙や玉皇大帝を崇拝したことを激しい調子で告発した。とくに「帝」の文字を使えるのはエホバだけという主張にもとづき、皇帝の称号を用いた彼らを「身の程を知らぬ尊大な奴」であり、「ゴビ砂漠の北で死んだのは当然」とこきおろした。この洪秀全の論理に従えば、時の皇帝であった道光帝も「永遠に地獄の災いを求める者」にほかならなかった。

こうして拝上帝会は天父・天兄下凡の指示によって清朝打倒をめざすことになった。蜂起の準備は極秘に進められ、蕭朝貴は財産を処分して武器、食糧を調達する信者たちに「計画を他人に見破られるな」と繰り返し指示した。また一八五〇年六月に下凡した天兄は、洪秀全に「今は身をかくすことが先だ。妖《よう》と妖が殺し合って疲れきるのを待って、天父・天兄が聖旨《せいし》を各地に発して事を

拝上帝会の金田蜂起

なす」と述べ、当時広西各地で激しくなっていた清軍と天地会系反乱集団との戦闘をにらみながら挙兵せよ、という決定的な指示を与えた。さらに楊秀清は天父下凡によってつぎのような預言を発したという。

> 道光三十〔一八五〇〕年に朕は大災難を世にくだすであろう。信仰堅固にして変わらざる者は救われるが、信仰なき者は疫病にみまわれよう。八月以降、田があっても耕す人はいなくなり、家屋があっても住む人はいなくなるだろう。おまえたちは家族や親戚をつれて、この地にきたらしめよ。

蜂起に先だって末劫《まつごう》と呼ばれる終末のカタストロフを預言し、信者のみが救われると主張して人びとを動員するのは、白蓮教などの宗教結社においてしばしばみられる現象だった。はたして一八五〇年に貴県で客家とチワン族、土白《トゥーバイ》話《ホワ》の械闘が発生し、抗争に敗れて行き場を失った客家は、拝上帝会に庇護を求めた。この年後半に各地の拝上帝会員は続々と桂平県金田村に結集し、十二月には清軍との本格的な戦闘が開始された。ここに一四年間におよぶ太平天国運動の幕が切って落とされたのである。

③—太平天国とヨーロッパ

革命の退潮とリンドレー

　一八五〇年に挙兵した太平天国は広西《こうせい》で一年あまり活動したあと、五二年に湖南《こなん》へ進出して全国的運動に発展した。一八五三年には南京を占領し、ここを天京《てんきん》と名づけて新国家づくりに乗り出した。だが北京攻略のために派遣された北伐《ほくばつ》軍は敗退し、一八五六年に天京事変▲が発生して太平天国の勢いは衰えた。また一八六〇年に北京条約が結ばれてヨーロッパ列強の権益が拡大すると、中立政策をとっていたイギリスは常勝軍《じょうしょうぐん》▲を組織して太平天国の弾圧に乗り出した。

　この革命の退潮期に一人のイギリス人青年が太平天国の陣営を訪れた。彼はA・F・リンドレーといい、忠王李秀成《ちゅうおうりしゅうせい》の軍に加わり、帰国後の一八六六年に『太平天国』▲を刊行した。彼はキリスト教を掲げたこの運動に惚れこみ、太平天国の将兵を「自由人の堂々たる不屈の態度を示している」「利口で、率直で、武勇に優れた人びと」と評した。また彼はイギリスの清朝支持策を賠償金目当

▼天京事変　南京到着後に独裁をおこなった楊秀清(ようしゅうせい)は、周囲の批判に不安をいだいて洪秀全(こうしゅうぜん)と同等の地位をえようとはかり、天父下凡を用いて彼を「万歳(皇帝の称号)」に封じるように迫った。怒った洪秀全は後述の韋昌輝(いしょうき)に楊秀清の殺害を命じたが、韋昌輝は楊秀清と彼につながる多数の人びとを虐殺し、これを諫めた石達開(せきたっかい)までも殺そうとした。難を逃れた石達開は洪秀全に韋昌輝の処刑を求め、韋昌輝は殺されたが、約四万人が犠牲となった。この内部分裂の結果戦況は悪化し、太平天国が勝利する可能性は失われた。

▼常勝軍　一八六一年にアメリカ人ワードが、後述の洋槍隊を母胎に組織した中国人洋式部隊。ワードが浙江で戦死したあと、一八六三年にイギリス現役軍人ゴードンが指揮官となり、江蘇各地の太平軍を弾圧した。

▼**『太平天国』** 原題は *Ti-ping Tien-kwoh, the history of Ti-ping revolution, including a narrative of the author's personal adventures.*

ての行動だと断じ、常勝軍の太平軍にたいする虐殺行為を公表して、「これらの人びと〔太平天国〕にわが国がとってきた態度はどうか、私はそれを思い出すたび、自分がイギリス人であることがはずかしくて顔が赤らむ」と厳しく批判した。

一方リンドレーは本能的な反植民地主義者で、当時のイギリスを古代ローマ帝国や大航海時代のスペインなどと比較し、「侵略によって築かれた諸帝国の一部をなす富裕な植民地が、かつての圧制者から離脱して、圧制者の力を破壊している」と述べて、植民地独立の動きを予言した。そしてイギリスが「正義の、非侵略の政策」をとることで「滅亡をまぬがれることができれば、われわれあるいはわれわれの子孫にとって幸い」だと訴えている。

このリンドレーの訴えは絶頂期にあった大英帝国に届くことはなかったが、その後の歴史は彼の見方が正しかったことを証明している。また大陸侵略の道を選んだ近代日本を考えるとき、彼の明快な反侵略の主張はわれわれに多くのことを教えてくれる。以下ではリンドレーの太平天国像から、彼が異文化をどのような眼差しで見つめていたかを考えたい。

作戦活動中の太平軍

太平軍の旗と五行思想

太平軍を見たことのある人なら、太平軍は世界でもっとも絵のように美しく、印象の強い光景の一つであるという私の意見にこころよく賛成するであろう。実に映りのよいスタイルの軍服、あざやかな色彩、おびただしい豪華な絹の旗、旗を携行する、もしくは空中になびかせている旗手の異様な手つき、槍兵のつくる槍ぶすま、多数の将校の騎馬姿——すべてが渾然《こんぜん》一体となって生気あふれる一幅の絵図をつくりだしている。

この史料はリンドレーが太平軍の進撃のようすを記したものであるが、ここから太平軍が色あざやかな旗と軍服によって特徴づけられていたことがわかる。清軍のスパイだった張徳堅《ちょうとくけん》もその報告書『賊情彙纂《ぞくじょういさん》』で、「賊〔太平軍〕は異様な言動や服装でわが将兵をまどわしている。あやしげな呪文を唱え、たくさんの旗を立て、数多くの儀仗、衛兵を並べ立てている。その衣服はすべて黄か紅、いっせいにあげる叫び声は雷のようで、わが軍はそれに耳目を迷わされ、ついに賊の宗教には邪術があるぞと疑うようになる」と述べ、太平軍の異様な出立ちに清軍将兵が恐れをなしたと伝えている。

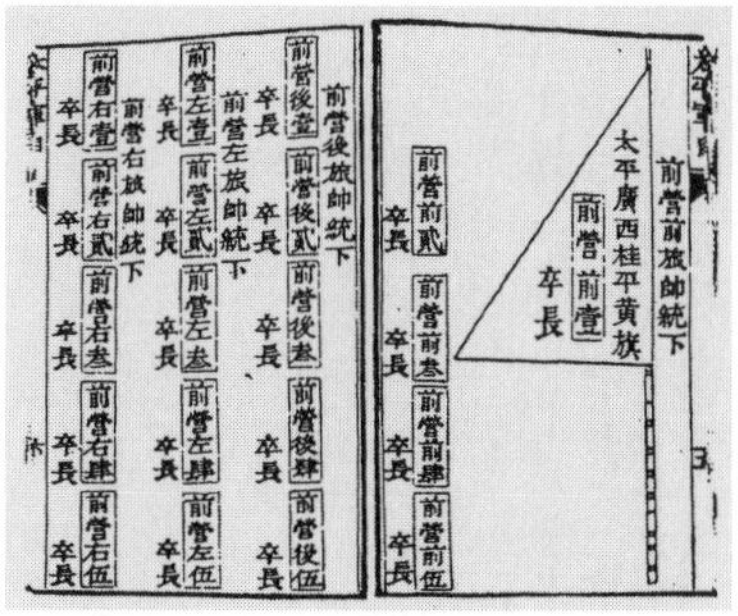

『太平軍目』

ふつう太平天国の旗は黄旗が多かったといわれている。『賊情彙纂』は「賊はもっぱら虚勢を張って人を驚かせようとしている。軍中の大小の黄旗は六五〇〇本もあり、その内訳は両司馬《りょうしば》旗が五〇〇本、卒長《そっちょう》旗が一二五本、旅帥《りょすい》旗が二五本、師帥《しすい》旗が五本、軍帥旗が一本である。さらに総制《そうせい》、将軍、監軍《かんぐん》、各典《てん》官《かん》の旗があるが、これはもう数え切れない。だから官軍は賊と戦うときに、いつも賊が多いと感じるのだ」と述べ、太平軍が多くの黄旗を使用したこと、旗の数が多いために清軍が心理的な圧迫を受けたことを伝えている。

この「大小の黄旗」は太平軍の部隊編成と密接な関連をもっていた。太平軍では両司馬と呼ばれる下士官が二五名の兵士を、卒長(一〇四名)、旅帥(五二五名)、師帥(二六二五名)がそれぞれの階級に応じた数の将兵を率い、一軍の将である軍帥は一万三〇〇〇名あまりを率いることになっていた。また一八五二年に刊行された『太平軍目《ぐんもく》』によると、太平軍の各部隊は「太平広西桂平黄旗」「太平湖南道州《どうしゅう》黄旗」とあるように兵士の出身地ごとに編成されていた。それは将兵の団結力を高め、迅速な作戦活動をおこなううえで必要な措置だったと考えられる。

だが実際は太平天国の旗は黄色一色ではなかった。太平天国の旗は五色あり、挙兵時に組織された前後左右中の五軍が、それぞれ五色に対応していた。例えば太平軍の南京への入城パレードのようすを記した『金陵《きんりょう》雑記』はつぎのように述べている。

洪秀全《こうしゅうぜん》が入城したとき、彼は数十人がかついだ黄色い輿《こし》に乗り、前には鼓楽、大銅鑼《どら》が数十対、矛《ほこ》を手にした護衛は数千人いた。……楊秀清《ようしゅうせい》の部下は黄色にふちが緑のチョッキを身につけ、旗にも同じ色を用いていた。東王の「東方」が緑青色なので、みな緑を用いるのである。……韋昌輝《いしょうき》▲は北王で、同じく黄色の輿に乗り、一二人がこれをかつぐ。傘は竜の描かれた黄色で、数十対もある旗は黄色にふちが黒、部下もみな黄色に黒ぶちのチョッキを着ている。「北方」が水に属するから、衣服も黒のふち取りなのである。

石達開《せきたっかい》▲は翼《よく》王で左軍主将だが、……旗と部下のチョッキはすべて藍《あい》のふち取りである。「左」は「東」に属するから、楊秀清は緑を、石達開は藍を用いるのだ。「東方」の色を分けたのだといえよう。

▼韋昌輝（一八二三?～五六）　桂平県金田村人。チワン族と同化して「土人」となった漢族移民で、「客籍」の抑圧をまぬがれるために監生資格を購入したが、タイトル詐称の冤罪事件によって迫害を受けた。彼は拝上帝会に入会して挙兵準備を経済的に支えたが、南京到達以後は楊秀清と対立し、天京事変では楊秀清一派にたいする大虐殺を引き起こした。

▼石達開（一八三一～六三）　貴県那帮（なほう）村人。広東から移住した客家（ハッカ）で、貴県拝上帝会のリーダーとなり、翼王としてしばしば軍事的才能を発揮した。天京事変後は洪秀全からうとまれて天京を離脱し、四川の大渡河で清軍にとらえられ殺された。

ここでは洪秀全を支えていた東王楊秀清、北王韋昌輝、翼王石達開の三人が、それぞれ緑、黒、藍色の旗を用いている。もともと中国には万物が「火水木金土」からつくられたとする五行思想があり、色彩は紅(南)、黒(北)、青(東)、白(西)、黄(中)とあるように方角と関連づけられていた。太平天国諸王のシンボルカラーもこの五行思想にもとづいており、南京への進撃途上で戦死した南王馮雲山《ふううんざん》は「黄心紅辺(黄色に紅ぶち)」旗、西王蕭朝貴《しょうちょうき》は「黄心白辺(黄色に白ぶち)」旗を掲げていた(六九頁図)。これらの五色旗には「五方」すなわち天下をわがものとするという意図が込められていた。

天王洪秀全は中央を意味する黄旗を用いた。中国では黄色(金色)は皇帝のみが用いることを許される色だったからである。また太平天国の場合、黄色はエホバの色でもあり、黄旗は神の啓示と加護を示すというシンボルだった。このため戦場では「〔丞相《じょうしょう》は〕竜と鳳凰《ほうおう》を描いた黄旗を掲げる。……戦いに臨むときには決まって丞相が先頭に立ち、丞相が進めば全軍が進み、退けば全軍が退く。およそ彼の旗を見ながら進むのである」とあるように、太平軍将兵はエホバの意志である黄旗を見ながら進軍した。

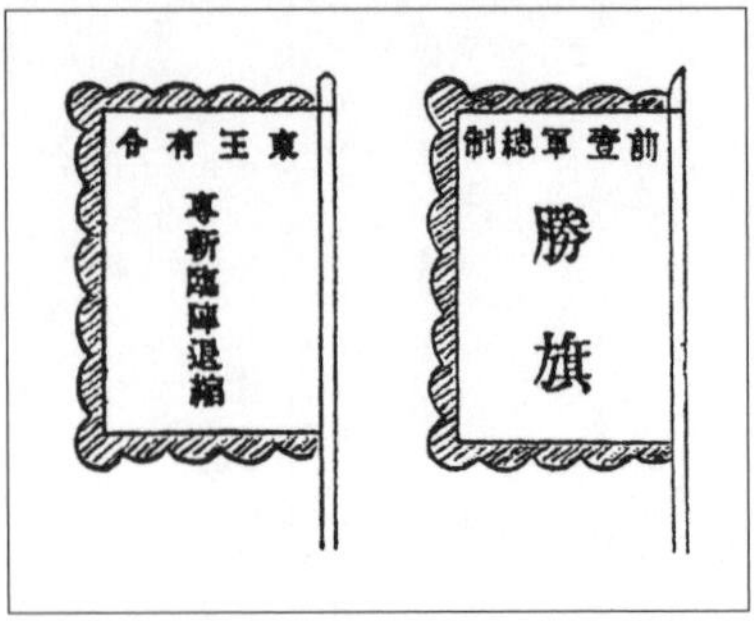

さまざまな号令旗（専斬臨陣退縮旗と勝旗）

このほかに太平軍には『専斬臨陣退縮旗《せんざんりんじんたいしゅくき》』などの号令旗もあり、これをこえて敵前逃亡をはかった兵士は殺された。また「〔太平軍は〕湖州ちりめんや四川の絹を差し出させ、旗を毎日一〇〇本以上もつくる。旗の上には鷹、虎、竜、鳳凰の絵を描く。だがそれらの旗は少しでも色あせるとすぐに捨てられ、新調したものと取り換えられてしまう」とあるように、黄旗は神聖さを保つためにいつも豪華で新品だった。なお旗手は「志操堅固《しそうけんご》な太平天国魂をもち、勇気を認められた下士官」が選ばれたという。

太平軍将兵の衣裳と髪型

太平軍将兵の衣裳について、リンドレーはつぎのように述べている。

> 衣裳は非常にゆったりとしたペチコート風のズボンで、地はおおむね黒い絹、腰を長い帯で締めつけ、刀も短銃もそこに差している。上衣は短いジャケツで、色はふつう赤く、丈はちょうど腰のところまで、身体にぴったり合っている。
> その後太平軍と交際しているあいだに、私は右の服装が兵士の夏服である

●—五王配置図

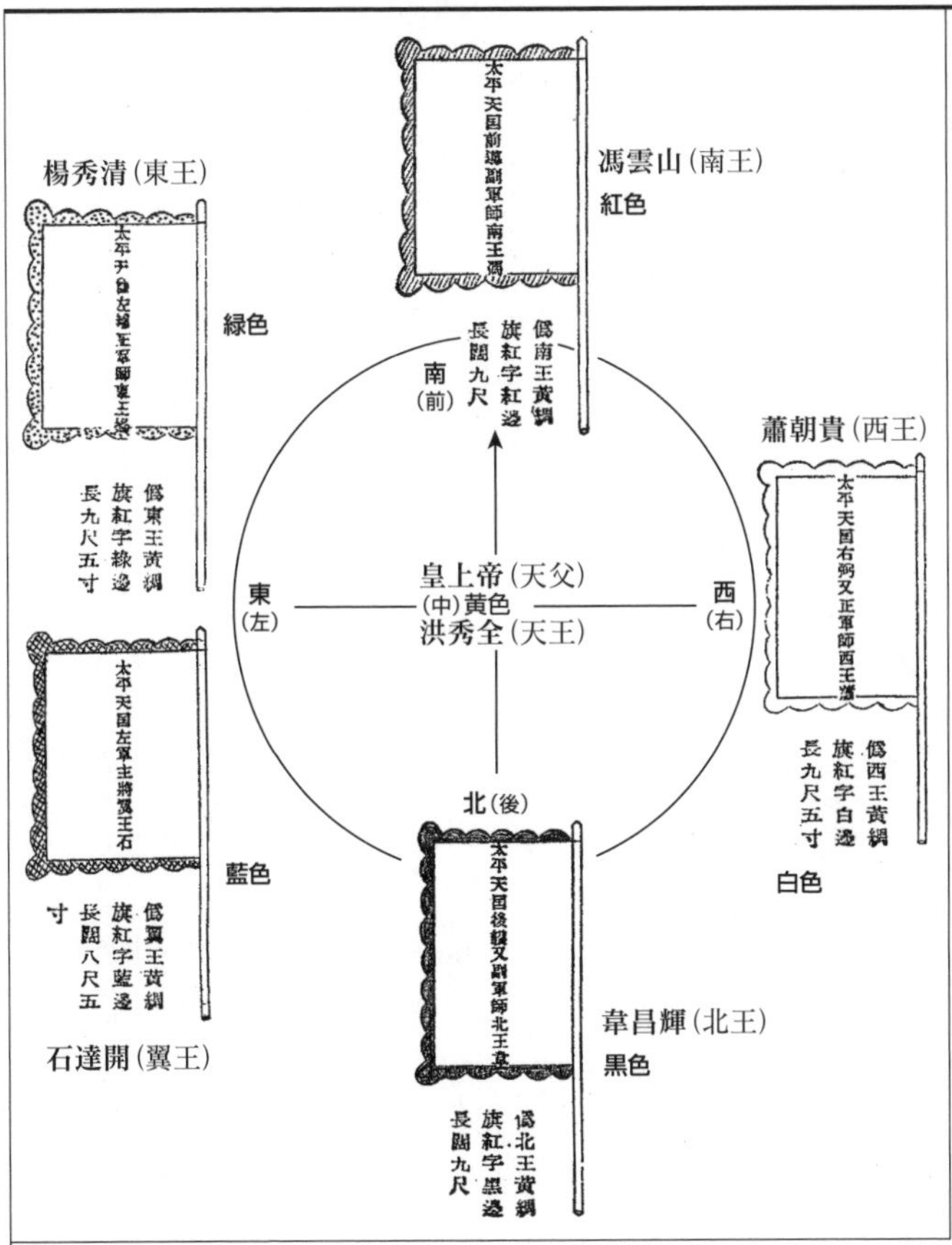
馮雲山(南王)
紅色
太平天国前導副軍師南王馮
偽南王黄綢
旗紅字紅邊
長闊九尺
南
(前)
楊秀清(東王)
緑色
偽東王黄綢
旗紅字綠邊
長九尺五寸
東
(左)
蕭朝貴(西王)
太平天国右弼又正軍師西王蕭
偽西王黄綢
旗紅字白邊
長九尺五寸
白色
西
(右)
皇上帝(天父)
(中)黄色
洪秀全(天王)
北(後)
太平天国後護又副軍師北王韋
韋昌輝(北王)
黒色
偽北王黄綢
旗紅字黒邊
長闊九尺
太平天国左軍主将翼王石
藍色
偽翼王黄綢
旗紅字藍邊
長闊八尺五寸
石達開(翼王)

ことを知った。各首領の侍衛《じえい》はそれぞれ特定の色を用い、ジャケツのふちをかならず特定の色の刺繍と組紐《くみひも》で飾ったのが正規の軍服になっている。寒い季節にはたいてい毛皮のジャケツか暖かい長袍《チャンパオ》を着る。彼らの着衣の色はまったくさまざまで、……青、黒、白、赤もしくは黄と所属する部隊によって色が違う。
黄は最高の首領、すなわち彼らの王のみに定められた色である。首領はみな長い外衣を着る。丈はほとんど足のところまで、青、赤もしくは黄の絹で、その階級によって定まる。頭には絹のスカーフ、すなわち風帽《ふうぼう》をかぶり、額のところに宝石をつけ、地位を示す徽章としている。……重要な儀式の場合にはかならずその礼服と冠を着用する。そのように着かざったときの光景は実に威厳がある。

諸王の衣冠《いかん》が贅《ぜい》をつくしたものであったこと、将兵の服の色が旗と同じく「青、黒、白、赤もしくは黄」と所属部隊によって分かれていたことがわかる。だが実際に人びとに好まれた色は「色はふつう赤」とあるように紅だった。大多数の兵士は紅い戦闘服を身につけ、ふち取りと胸の『太平』の文字を記した

●――太平軍将兵の衣裳

〔兵　士〕　〔将校(総制)〕

部分にほかの色が使われた(七一頁図)。また将校も王クラスの高級幹部のみが高貴さを示す黄衣の着用を許され、軍師以下の階級は袍、馬褂《マーグワ》ともに紅色だった(七三頁図)。

このように紅色が好まれた理由として、中国では紅が結婚式や家々の門にかざる対聯《トゥイリエン》など、祝い事に用いられる色であったこと、永遠の生命を象徴する色として尊ばれたことがあげられる。また元末の紅巾の乱や「洪門《こうもん》」(洪と紅は同音)と言われた天地会(三合会)など、中国の民衆反乱で紅色はもっとも多く用いられたシンボルカラーだった。太平天国もこれら諸反乱の伝統を踏まえていたのであり、その影響は義和団や中国共産党の紅軍《こうぐん》へ受け継がれた。

一方太平軍将兵の最大の特徴であった長髪姿について、リンドレーは「彼らは髪を切らずに蓄え、頭のうしろでお下げに編み、赤い絹紐で束ねておく。そしてかならずターバンの恰好に頭へぐるぐる巻きつけて、その端は大きな総《ふさ》にして左肩に垂らしている。靴は色とりどりで、一面に花や刺繡がほどこしてある」と観察している。すでに述べたように日本人漂流民にとって太平軍の長髪姿は明朝復興のシンボルであり、太平天国の「滅満興漢《めつまんこうかん》」主義に共鳴した清末

●——前期太平天国幹部の官位と衣裳

	服		冠		
	袍	馬　掛	朝　帽（喜事用）	風帽（秋・冬用）	官銜名
王	黄　緞	黄　緞		黄　緞 装飾は朝帽と同じ	金字
天　王	金竜9条	団竜8条（竜9匹）	円規紗帽式 竜2鳳2、「満天星斗」「一統山河」		
東　王	金竜8条	団竜8条	古制兜鍪式 槍1　竜2　鳳1		
北　王	金竜7条	団竜4条	同　上　式 黄傘　天蓋 竜２　鳳１		
翼　王	金竜6条				
豫・燕王	金竜5条				
侯	竜4条	団竜2条	無翅正方紗帽 竜２　鳳１	紅に黄辺 装飾は朝帽と同じ	
丞　相					
検　点	素　黄		獣頭兜鍪式 獅1　竜２　鳳１	黄辺部は侯（二寸五分）以下、幅が二分ずつ減。両司馬は一寸 / 黄辺部は黄糸で刺繍	
指　揮	↓後に変更				紅字
将　軍	素 紅	素　黄 牡丹二団を刺繍	獅1　竜２　麒麟1	模様付の羽二重	
総　制					
監　軍		↓後に変更	獅1　竜２　虎1		
軍　帥		素　紅			
師　帥		牡丹二団を刺繍	獅1　竜２　豹1	素綢（薄絹）	黒字
旅　帥			獅1　熊1		
卒　長		素　紅 二団を印刷	獅1　彪1		
両司馬			鍪 獅1　犀牛《サイ》1		

▼清末革命派と弁髪　例えば『郭沫若(かくまつじゃく)自伝』は辛亥革命時に教師たちの弁髪を切って「革命の成功ばんざい」と叫び、これで中国も一等国の仲間入りができると考えたとある。また革命派の拠点だった日本では、清国人留学生が日本人の服装や習慣を「大唐の遺風」と受け止めて民族意識を刺激され、清朝スタイルの服を自ら引き裂こうとする者もいたという。

清の弁髪(右)**と太平天国の長髪**(左)

の革命派は先を争うように弁髪を切り捨てた。▲

だがイギリス人であるリンドレーには、長髪がもつ政治的なシンボル性への思い入れはなかった。彼は「中国でもっともきれいな男女が太平軍の陣列にしか見られない」理由の一つに「髪のかたち」をあげたが、そのおもな原因はあくまで太平天国が「宗教と自由」というヨーロッパ的な価値を受容した結果であると書いている。

なお太平天国自身の文献は「髪はエホバが与えられたもの」としたうえで、「エホバが与えられようとするものを勝手にそぎとってしまうのは、天に背くことではないのか。……弁髪は華人《かじん》〔中国人のこと〕たる身を忘れ、あまんじて韃妖《だつよう》〔満州族のこと〕のために天を欺き、不孝の行いをすることだ」と述べている。ここで太平天国がキリスト教のかたちをとった儒教的正統論にもとづき、弁髪をエホバにたいする「不孝」だと論じている点は興味深い。

また太平軍が弁髪の者を清朝支持者とみなして厳しい態度をとったため、両軍の対峙した戦場では髪型を原因とする悲劇が生まれた。一八六一年に太平軍は魯迅《ろじん》の故郷である紹興《しょうこう》を占領し、「弁髪をしている者は斬る」という命令を出した。その後清軍がイギリス、フランスの援助を受けて紹興を攻め、人びとを弁髪にさせた。ところが太平軍がまもなく紹興を奪回し、弁髪している者を殺した。このとき「死んだ民の数は数えきれなかった」という。魯迅の作品『髪の話』はこの史実にもとづいて書かれている。

太平軍の規律とその変化

さて高杉晋作ら幕末の志士がそうであったように、リンドレーもはじめは太平軍にかんする「血に飢えた破壊者」といった風評を信じていた。だが実際に彼らと接触して「太平軍の軍規の厳正なことに気づいた」という。またリンドレーは村人から「太平軍の兵士は代金を払わずには卵一つとろうとしない」こと、清軍兵士が暴行や殺人を繰り返したのにたいし、太平軍は「食糧を供出させただけであった」こと、ある太平軍兵士が少女を暴行したところ、その兵士は処刑されたと聞かされたことを記している。

この太平軍の「厳正な」軍規は挙兵以来のもので、その命令は一八五二年に一〇項目からなる「行軍中の決まり」にまとめられた。それらは民衆を殺したり、やたらに使役しないこと、略奪や放火だけでなく、勝手に民家へはいることも禁止するなど具体的な内容を含んでいた。後代の歴史家ですら、共産党軍の「三大紀律《サンダージーリー》、八項注意《バーシアンジューイー》」に似たこれらの規律が存在することに首をかしげたほどだった。

だが当時は太平天国と敵対した人びとさえも「賊は官軍だけを仇敵とみなし、平民は虐待しなかった。……規律が極めて厳正だったので、民は彼らを恨もうとしなかった」とあるように、太平軍の規律が厳格で、民衆の支持を集めていると評価していた。また李秀成は東王楊秀清が、「右足を民家に踏み入れた者は、右足を切る」という厳罰主義によって部隊を統率したと証言している。つまり太平軍はエホバの怒りにたいする恐怖に裏づけられながら、時代を先取りする高度なモラルを実現したのである。

リンドレーが中国を訪れた一八六〇年代は太平天国の衰退期にあたり、初期にみられた厳格な規律も失われつつあった。だが蘇州《そしゅう》で太平軍を観察した宣教師グリフィス・ジョンは「叛軍の犯した暴行も少なくないし、ひどいことをしているけれども、官軍の暴行に比較すればましなほうです。民衆は一般に叛軍の老兵は良いと話しています。彼らによれば、老兵は民衆にたいして人情味があり、危害を加えるのは最近はいったばかりの新兵だそうです」と述べ、太平軍の古参兵は清軍兵士よりも規律が良いと報告した。

また太平軍にとらえられ、兵士として従軍した李小池は、「各地での殺戮《さつりく》や略奪は多くが敗北した官軍のやったことで、すべてが賊の仕業ではない。また官軍が賊を破り、領地を回復したときにおこなう殺戮、掠奪《りゃくだつ》の激しさは、実際のところ賊に比べてはるかにひどい」とあるように、清軍将兵の暴行が太平軍のそれよりも激しかったと証言している。さらに李小池は太平軍内部で暴行を働く者たちについてつぎのように記している。

こういうことをやるのはたいてい湖南、湖北《こほく》、安徽《あんき》、江西《こうせい》などの生まれで、はじめ官軍にはいったり、ゴロツキだったりした者で賊軍についた者、あるいは戦争に負けて賊軍に投降し、金をおさめて老兄弟《ラオシオンディー》となった者が多い。真の粤賊《えつぞく》は情け深くおだやかで、彼らのように残忍ではない。

ここでは太平軍の暴行が官軍出身者やゴロツキの仕業《しわざ》であったと明確に記されている。いいかえればこうした質の悪い兵士を吸収しながら、軍事力を増強せざるをえなかったところに運動自身の行き詰まりがあった。なおこれらの証言にある「真の粤賊」や「叛軍の老兵」は、一八五二年前後に太平軍に加わった湖南・湖北出身者のことで、挙兵以来の広西・広東人はもはや前線に残っていなかった。一八六一年から六三年にかけて浙江《せっこう》西部を防衛していた太平軍首領の顔ぶれをみると、湯渓《とうけい》県の守将であった宗王李尚揚《りしょうよう》(湖南安仁《あんじん》県人)をはじめとして、出身地のわかる一二名のうち一〇名が湖北・湖南人によって占められていた。

また李尚揚の供述によると、各地に駐屯した太平軍は清軍の侵攻に備え、それぞれ数千名の部隊を長期間やしなうことができる食糧を確保しなければならなかった。これら食糧の調達は太平天国政府が任命した郷官《きょうかん》と呼ばれる地方官によって担われた。彼らは多くの場合地元の有力者で、従来どおり租税や小作料を徴収しようとしたが、太平軍の到来によって小作料が減免されると期待していた小作人たちは、実力で小作料の納入を阻止した。また洪秀全は一八六〇年に土地税を一〇%減らすという命令を出したが、食糧の確保が優先されたために実行されなかった。

干王洪仁玕

つまり当時の太平天国は革命当初の理想が遠のき、自らの存続をはかるのが精一杯という情況に追い込まれていた。ある体験記によると、太平軍の部隊内では就寝中にうなされたり、男色とくに美少年を養子にする者があとを絶たなかったという。李秀成は天京事変後の太平天国について「人びとの心はちりぢりバラバラになってしまった」と述べたが、革命が衰退するなかで太平軍将兵の多くが運動の意味を見失い、苦悶していたのである。

洪仁玕の異文化体験と天京行き

ここでヨーロッパと太平天国の関係について考えるために、もう一人の人物に登場してもらおう。彼の名は洪仁玕《こうじんかん》、いうまでもなく洪秀全の従兄弟《いとこ》であり、拝上帝教《はいじょうていきょう》の初期の信者である。一八五一年に挙兵の知らせを受けた洪仁玕は広西へ向かったが、太平軍と合流できなかった。また一八五二年には清遠《せいえん》県で蜂起を試みたが失敗し、新安《しんあん》県の李朗《りろう》(現在の深圳《しんせん》市)に潜伏した。やがて洪仁玕は香港へ脱出し、バーゼル宣教会の牧師だったハンバーグと引き合わされた。

倉田明子氏の最新の研究によると、はじめて洪仁玕と会ったハンバーグは

「内地からきた人がキリスト教についてかくも興味をもって語り、かくも多くの知識を持っている」ことに驚いたという。だが洪仁玕は香港で生計を立てることができず、東莞《とうかん》県に住む客家《ハッカ》の張姓に匿《かくま》われた。そして一八五三年にふたたび清遠県から香港をめざし、九月にバーゼル宣教会の拠点だった布吉《ふきつ》でハンバーグから洗礼を受けた。

一八五四年五月に洪仁玕は洪秀全を真のキリスト教徒にしたいと願うハンバーグの援助により、上海経由で天京入りをめざした。上海に着いた洪仁玕は宣教師W・H・メドハースト▲にむかえられ、キリスト教や天文学、暦学などヨーロッパの学問を学んだ。だが当時ヨーロッパと太平天国の交流はとだえつつあり、洪仁玕はやむなく天京行きを断念した。

香港にもどった洪仁玕はロンドン伝道会のアシスタントとなった。このロンドン会はロバート・モリソンの系譜を引く団体で、宣教師レッグ▲を中心にセントラル(中環)の英華《えいか》書院で布教や教育事業、医療活動をおこなっていた。レッグの報告に洪仁玕の名前があらわれるのは一八五七年初めのことで、彼が礼拝の説教を担当するなど、新参者にもかかわらず重要な役割をはたしていたと記

▼メドハースト(一七九六～一八五七)　ロンドン生まれ。ロンドン伝道会の印刷工として一八一七年にマラッカへわたり、一九年に宣教師となって華僑の布教に努めた。南京条約後に上海へわたり、墨海書院を設立して王韜(おうとう)を育てたことで知られる。上海滞在当時は太平天国側の文献を翻訳していた。

▼レッグ(一八一五～九七)　スコットランド生まれ。一八四〇年にロンドン会宣教師としてマラッカへ赴任し、南京条約後に英華書院を香港へ移した。香港政庁の小学校制度を創案するなど社会事業にも熱心で、中国研究の成果が認められて一八七五年にオックスフォード大学教授になった。彼は太平天国にたいしては批判的で、洪仁玕が天京へ行くのを望まなかったという。

太平天国当時の香港

している。またモリソン記念学校の卒業生で、イギリス留学からもどった黄寛《こうかん》が診療所を開くと、洪仁玕は患者の世話や説教を担当して高い評価を受けた。さらに洪仁玕はレッグとともに清朝統治下の広州へ布教にでかけ、英華書院では科挙《かきょ》受験生だったときに培《つちか》った教養を活かして中国古典を教えたという。

つまり洪仁玕は当時の中国知識人としては例外的に、ヨーロッパの文化とじかにふれる体験を積み重ねた。それはキリスト教会という枠組みをつうじての知識であったが、当時の香港で教会こそは中国人に開かれたヨーロッパ世界の窓口だった。

一八五八年に洪仁玕は四年間の香港生活に別れを告げ、天京へと旅立った。宣教師チャルマーズの報告によると、この洪仁玕の決断は洪秀全にたいする「忠誠心(patriot)」によるものだったという。当時イギリス、フランスは第二次アヘン戦争によって中国での権益を拡大しようとはかり、宣教師も太平天国の異端的性格を批判するようになっていた。洪仁玕は「手遅れになる前に、南京の一党を外国人たちと提携するように説き伏せようとした」とあるように、太平天国ひいては中国の将来に強い危機感をもっていたのである。

『資政新篇』の表紙部分

『資政新篇』と容閎の太平天国訪問

一八五九年に天京へ到着した洪仁玕は干王《かんおう》となり、中国初の近代化プランというべき『資政新篇』を刊行した。この書物は彼の香港における異文化体験をふまえ、官民の意志疎通をはかることで天王を中心とする中央集権体制を築くことをめざしていた。

例えば洪仁玕は外国との交渉で、「夷狄《いてき》」など中国の歴代王朝が用いた侮蔑的な文字を使ってはならず、「親愛」などの表現を用いるように提言した。また「外国人と交際することを避ける必要がどこにありましょう。それは狭量な人物がやることです」と述べて外国との通商を開くこと、宣教師や技術者に中国内地での活動を許すが、彼らが太平天国の法律を誹謗《ひぼう》することは禁止すべきことを主張した。

つぎに洪仁玕は鉄道や汽船、幹線道路を設けて交通システムを整備するとともに、銀行を設立し、地下資源を開発して国庫収入を豊かにすることを提案した。また民心をうるための方法として新聞の発行と投書箱の設置をあげ、社会福祉の充実や連座制の廃止、死刑の抑制、八股文《はっこぶん》▲の廃止などを訴えた。

▼**八股文**　科挙合格を目的につくられた内容のない形式的文章。

これらの主張はヨーロッパの近代がアジアに波及した十九世紀という時代の特徴をよく示しており、太平天国の滅亡後に進められた洋務《ようむ》運動の内容を先取りするものであった。また私的利益の追求を肯定し、交通や産業を発達させて経済発展をめざす近代化路線は、鄧小平《とうしょうへい》▲の改革・開放路線とつうじる部分をもっていた。なお『資政新篇』は幕末の日本について、「最近アメリカと通商を開き、各種の技術を取り入れてこれを手本としています。将来きっと成果をあげるでしょう」と好意的な評価をしている。

この『資政新篇』の出版にあたり、洪秀全は提案の大部分に「この方策は妥当」という批評を加えた。彼は広州時代にヨーロッパの文化にふれており、近代文明にたいしても肯定的な考えをもっていた。ただし新聞の発行については清軍の策略に利用される危険があるとして許可しなかった。また死刑の抑制については「エホバの殺すなかれという戒めは、いわれもなく人を殺すなと命じたのであって、人を処刑してはならぬといわれたものではない」と述べ、自ら握った生殺与奪《せいさつよだつ》の権限にこだわりをみせた。

一八六〇年十一月にモリソン学校の卒業生で、中国人初のアメリカ留学生だ

▼**鄧小平**(一九〇四〜九七)　四川出身の客家。一九二四年に中国共産党にはいり、六六年の文化大革命期は「走資派」と批判されて失脚したが、七三年に副首相として復活した。第一次天安門事件後の再失脚をへて、一九七七年にはふたたび復活し、七八年から改革・開放路線を推し進めた。

った容閎《ようこう》▲が天京を訪問した。彼は香港で洪仁玕と面識があり、「いつかは南京でお目にかかりたい」と語り合う仲だった。また容閎は広州で清軍による住民虐殺を目撃してショックを受け、「反乱軍に参加する用意をしようとまじめに思った」こともあるという。

　実業家だった容閎が天京をたずねた目的は、太平天国が清朝にかわる勢力となりうるかを見極めることだった。彼は太平軍を近代化するための士官学校や海軍の創設、銀行の設置と度量衡の統一、聖書を教科書とする国民教育の実施と実業学校の創立、さらには『資政新篇』には言及のなかった「文民の政府」の実現など七項目の提案をおこなった。そして太平天国がこの政策を実行するなら、喜んで資材の調達などに協力すると申し入れた。

　洪仁玕はこの提案を高く評価したが、「王は孤立した状態にあり、王を支持して提案に賛成する者は一人もなかった」とあるように、軍事的功績のない洪仁玕は政権内でリーダーシップを発揮できず、結局容閎の提案は採用されなかった。また『資政新篇』の改革プランも外交や文字改革を除いては実行されず、太平天国に見切りをつけた容閎は曾国藩《そうこくはん》▲の知遇をえて、洋務運動の兵器工場設

▼**容閎**（一八二八〜一九一二）　広東香山県人。一八四七年アメリカへ留学し、五四年にイェール大学を卒業した。帰国後は翻訳業をいとなむかたわら、デント商会の依頼で中国各地の調査をおこなった。一八六三年に曾国藩と会って才能を認められた彼は、翌年アメリカへ赴き、江南機器製造局に備えつける機械を購入して帰国した。また一八七二年から一二〇名の中国青年をアメリカへ留学させるなど、人材育成にも熱心だった。康有為らとも密接な関係をもったが、戊戌（ぼじゅつ）政変後に香港へ逃れ、アメリカで死去した。

▼**曾国藩**（一八一一〜七二）　湖南湘郷県の人で、道光年間進士。儒者としても知られ、太平天国の湖南進撃に遭遇し、一八五四年に太平軍鎮圧のための義勇軍である湘軍を組織した。容閎は曾国藩について「円熟した紳士であり、最高級に属する貴人だった」と賛辞を送っている。また容閎は「彼の子分であり後継者であった李鴻章はこの点で違っていた。李は死後子孫に四〇〇〇万両の財産を残した」とも書いている。

立に尽力することになる。当時の中国人としては傑出していた二人の異文化体験は、その特異さゆえに戦闘に追われていた太平軍首領たちの理解を絶していたのである。

李秀成の上海進攻と洪仁玕

天京事変以後の洪秀全は一族以外の人間を信用せず、一時期無能な二人の兄を重用して批判をあびたことがあった。このため彼が洪仁玕を王に封じたことは人びとの反感をまねき、洪秀全は軍事面での実力者だった陳玉成《ちんぎょくせい》▲を英王、李秀成を忠王に封じてバランスをとろうとした。だが洪秀全が国名を天父天兄天王太平天国に改め、自らの権威を強化しようとはかると、これに反発した李秀成は従兄弟の李世賢《りせいけん》（侍王）と李氏軍閥を形成して、洪氏一族と対立した。

後期の太平天国を代表する李秀成と洪仁玕の対立は、一八六〇年の李秀成による上海進攻から始まった。この年六月に蘇州へ進出した李秀成は、上海の英仏米三国の領事に宛てて友好関係を結ぶ協議をおこないたいと申し入れた。また八月の上海進攻にあたっては「わが将兵を恐れる必要はありません」と述べ、

▼**陳玉成**（一八三七～六二）　藤県大黎（だいれい）郷人、李秀成とは家も近く幼なじみだった。十四歳で太平軍に参加し、その勇猛さから清軍に「四眼狗（四つ目の犬）」の綽名で恐れられた。天京事変後に李秀成とともに五軍主将に抜擢され、後期の太平天国を支えたが、捻軍（ねんぐん）の首領苗沛霖（びょうはいりん）の裏切りによって清軍にとらえられて殺された。

太平天国の軍事会議　容閎の提案は干王以外の人物には理解されなかった。

外国人居住区に手をふれないと通知した。だが太平軍は英仏連合軍の攻撃によって数百名が殺され、李秀成も負傷して撤退した。

この英仏両国の行動にたいして、李秀成は「君たちとわれわれは同じくイエスを崇めるもので、つまるところわれわれのあいだには共通の基礎と教理が存在している。……私が上海に行ったのは君たちと条約を結び、通商貿易によってたがいに結びつくことを実現したいと望んだためで、君たちと戦うためにきたのではない」と述べて抗議した。リンドレーもまた李秀成とはじめて会ったとき、彼からこの話を聞かされて強い印象を受けたという。

だが洪仁玕の眼には、李秀成の行動は独断と映った。最近小島晋治氏が台湾で発見した洪仁玕の供述書によると、このとき洪秀全は洪仁玕を蘇州へ派遣して通商和親条約を結ばせようとした。だが「忠王は武力にまさることを恃《たの》んで、上海をとるのは掌中《しょうちゅう》のものをとるようなものだとして討議に従わず、わが天王の天下は武力で戦いとるもので、話し合いではとれないといった。洋人たちは和することができないと知って去ってしまった」とあるように、洪仁玕は李秀成が勝手な行動で条約交渉をぶちこわしたと非難している。

たしかにこのとき英仏連合軍は天津で清軍と戦闘中であり、両国の清朝支持を決定的にした北京条約はまだ締結されていなかった。だがイギリスは洪仁玕の書簡を開封することすら拒否し、七月には常勝軍の母胎となる傭兵《ようへい》部隊の洋《よう》槍隊《そうたい》が上海郊外で太平軍との戦闘を開始した。つまり太平天国がヨーロッパ列強と外交関係を樹立する可能性はほとんど残っていなかったのである。

その後も両者の交渉は続いたが、ヨーロッパ列強は太平天国に上海への不進攻、天津条約で清朝から獲得した長江《ちょうこう》の自由通行権などを認めるように要求した。太平天国が譲歩を示すと、一八六一年には不進攻の地域を拡大するように求め、ついに交渉は決裂した。一八六二年の李秀成による第二次上海進攻を皮切りに、イギリス、フランスは清朝を本格的に支援するようになり、太平軍は一方的な劣勢へと追い込まれた。そして一八六四年に天京が陥落して太平天国は滅亡し、李秀成と洪仁玕はとらえられて殺された。

こうして太平天国とヨーロッパの出会いは、リンドレーの訴えもむなしくすれ違いに終わった。ヨーロッパ人は同じキリスト教を信じる「洋兄弟《ヤンシォンディー》」であり、理解し合えると思い込んだ李秀成はむろん、香港での異文化体験ゆえに外交交渉がうまくいくと考えた洪仁玕にとっても、歴史の現実は想像をこえた非情さをもっていたのである。

参考文献

青木富太郎『洪秀全の幻想』生活社　一九四一年
市古宙三『洪秀全の幻想』汲古書院　一九八九年
王慶成『太平天国的歴史与思想』中華書局　一九八五年
王慶成『太平天国的文献和歴史――海外新文献刊布和文献史事研究』社会科学文献出版社　一九九三年
神田千里『信長と石山合戦――中世の信仰と一揆』吉川弘文館　一九九五年
菊池秀明『広西移民社会と太平天国』本文編・史料編　風響社　一九九八年
菊池秀明「太平天国と歴史学――客家ナショナリズムの背景」『アジアの近代』（岩波講座世界歴史20）岩波書店　二〇〇〇年
倉田明子「洪仁玕とキリスト教――香港滞在期の洪仁玕」『中国研究月報』六四一号　二〇〇一年
小島晋治『太平天国革命の歴史と思想』研文出版　一九七八年
小島晋治『洪秀全――ユートピアをめざして』講談社　一九八七年（のち加筆のうえで『洪秀全と太平天国』岩波現代文庫、二〇〇一年として再版）
小島晋治『太平天国運動と現代中国』研文出版　一九九三年
小島晋治「故宮博物院（台北）所蔵太平天国諸王の供述の記録」（神奈川大学中国語学科編『中国民衆史への視座――新シノロジー・歴史編』東方書店　一九九八年）
鍾文典『太平天国人物』広西人民出版社　一九八四年

鍾文典『太平天国開国史』広西人民出版社　一九八四年

趙景達『異端の民衆反乱――東学と甲午農民戦争』岩波書店　一九九八年

春名徹『にっぽん音吉漂流記』（中公文庫）中央公論社　一九八八年

増井経夫『太平天国』（岩波新書）岩波書店　一九五一年

溝口雄三『方法としての中国』東京大学出版会　一九九〇年

柳父章『ゴッドと上帝――歴史の中の翻訳者』筑摩書房　一九八六年

容閎（百瀬弘訳）『西学東漸記――容閎自伝』（東洋文庫）平凡社　一九六九年

吉田寅『中国プロテスタント伝道史研究』汲古書院　一九九七年

劉香織『断髪――近代東アジアの文化衝突』（朝日選書）朝日新聞社　一九九〇年

A・F・リンドレー（増井経夫・今村与志雄訳）『太平天国――李秀成の幕下にありて』一～四（東洋文庫）平凡社　一九六四～六五年

図版出典一覧

A・F・リンドレー，増井経夫・今村与志雄訳『太平天国――李秀成の幕下にありて』1〜4　平凡社　1964-65　*74*
王慶成『天父天兄聖旨――新発現的太平天国珍貴文献史料』遼寧人民出版社　1986　*53*
高添強『香港今昔』三聯書店　香港　1994　*81*
太平天国歴史博物館『天国春秋――太平天国歴史図録』文物出版社　2002　*23, 82*
中国近代史史料叢刊『太平天国』3　神州国光社　1952　*68*
張海鵬『簡明中国近代史図集』長城出版社　1984　*65*
令利(リンドレー)，王維周・王元化訳『太平天国革命親歴記』上海人民出版社　1997　*46, 64, 86*
Chronique de l'humanite, Larousse, 1986　*19*
Theodore Hamberg, *The visions of Hung-Siu-tshuen and origin of the Kwang-si insurrection*, Hongkong: China Mail Office, 1854　*12*
国立公文書館　*1*
C.P.C　カバー表
東洋文庫　*14, 16*左
加藤敬撮影　*54*
著者撮影　扉, *8, 9*上, *9*下, *11, 12*右, *21, 22, 33*すべて, *34*右, *34*左, *42*右, *42*左, *47, 48, 50, 61, 79*, カバー裏
著者提供　*16*右, *69, 71*

世界史リブレット65

太《たい》平《へい》天《てん》国《ごく》にみる異《い》文《ぶん》化《か》受《じゅ》容《よう》

2003年 6 月20日　1版1刷発行
2018年 8 月31日　1版4刷発行

著者：菊池《きくち》秀明《ひであき》

発行者：野澤伸平

装幀者：菊地信義

発行所：株式会社 山川出版社

〒101-0047　東京都千代田区内神田 1 -13-13
電話　03-3293-8131(営業)　8134(編集)
https://www.yamakawa.co.jp/
振替　00120-9-43993

印刷所：明和印刷株式会社

製本所：株式会社 ブロケード

ISBN978-4-634-34650-5

世界史リブレット　第Ⅰ期［全56巻］
〈すべて既刊〉

1 都市国家の誕生
2 ポリス社会に生きる
3 古代ローマの市民社会
4 マニ教とゾロアスター教
5 ヒンドゥー教とインド社会
6 秦漢帝国へのアプローチ
7 東アジア文化圏の形成
8 中国の都市空間を読む
9 科挙と官僚制
10 西域文書からみた中国史
11 内陸アジア史の展開
12 歴史世界としての東南アジア
13 東アジアの「近世」
14 アフリカ史の意味
15 イスラームのとらえ方
16 イスラームの都市世界
17 イスラームの生活と技術
18 浴場から見たイスラーム文化
19 オスマン帝国の時代
20 中世の異端者たち
21 修道院にみるヨーロッパの心
22 東欧世界の成立
23 中世ヨーロッパの都市世界
24 中世ヨーロッパの農村世界
25 海の道と東西の出会い
26 ラテンアメリカの歴史
27 宗教改革とその時代
28 ルネサンス文化と科学
29 主権国家体制の成立
30 ハプスブルク帝国
31 宮廷文化と民衆文化
32 大陸国家アメリカの展開
33 フランス革命の社会史
34 ジェントルマンと科学
35 国民国家とナショナリズム
36 植物と市民の文化
37 イスラーム世界の危機と改革
38 イギリス支配とインド社会
39 東南アジアの中国人社会
40 帝国主義と世界の一体化
41 変容する近代東アジアの国際秩序
42 アジアのナショナリズム
43 朝鮮の近代
44 日本のアジア侵略
45 バルカンの民族主義
46 世紀末とベル・エポックの文化
47 二つの世界大戦
48 大衆消費社会の登場
49 ナチズムの時代
50 歴史としての核時代
51 現代中国政治を読む
52 中東和平への道
53 世界史のなかのマイノリティ
54 国際体制の展開
55 国際経済体制の再建から多極化へ
56 南北・南南問題

世界史リブレット　第Ⅱ期［全36巻］
〈すべて既刊〉

57 歴史意識の芽生えと歴史記述の始まり
58 ヨーロッパとイスラーム世界
59 スペインのユダヤ人
60 サハラが結ぶ南北交流
61 中国史のなかの諸民族
62 オアシス国家とキャラヴァン交易
63 中国の海商と海賊
64 ヨーロッパからみた太平洋
65 太平天国にみる異文化受容
66 日本人のアジア認識
67 朝鮮からみた華夷思想
68 東アジアの儒教と礼
69 現代イスラーム思想の源流
70 中央アジアのイスラーム
71 インドのヒンドゥーとムスリム
72 東南アジアの建国神話
73 地中海世界の都市と住居
74 啓蒙都市ウィーン
75 ドイツの労働者住宅
76 イスラームの美術工芸
77 バロック美術の成立
78 ファシズムと文化
79 オスマン帝国の近代と海軍
80 ヨーロッパの傭兵
81 近代技術と社会
82 近代医学の光と影
83 東ユーラシアの生態環境史
84 東南アジアの農村社会
85 イスラーム農書の世界
86 インド社会とカースト
87 中国史のなかの家族
88 啓蒙の世紀と文明観
89 女と男と子どもの近代
90 タバコが語る世界史
91 アメリカ史のなかの人種
92 歴史のなかのソ連